天津市哲学社会科学规划研究项目成果

Research on the Influence Mechanism and Countermeasures of

ARTIFICIAL INTELLIGENCE

on the Labor Market

人工智能对劳动力市场的影响机理及应对策略研究

胡尹燕 ◎著

中国财经出版传媒集团

经济科学出版社

Economic Science Press

·北京·

图书在版编目（CIP）数据

人工智能对劳动力市场的影响机理及应对策略研究/
胡尹燕著. －－北京：经济科学出版社，2023.11
ISBN 978 － 7 － 5218 － 4373 － 6

Ⅰ.①人… Ⅱ.①胡… Ⅲ.①人工智能 － 影响 － 劳动
力市场 － 研究 Ⅳ.①F241.2 － 39

中国版本图书馆 CIP 数据核字（2022）第 223969 号

责任编辑：刘　丽
责任校对：孙　晨
责任印制：范　艳

人工智能对劳动力市场的影响机理及应对策略研究

胡尹燕　著

经济科学出版社出版、发行　新华书店经销
社址：北京市海淀区阜成路甲 28 号　邮编：100142
总编部电话：010 － 88191217　发行部电话：010 － 88191522
网址：www. esp. com. cn
电子邮箱：esp@ esp. com. cn
天猫网店：经济科学出版社旗舰店
网址：http://jjkxcbs. tmall. com
北京季蜂印刷有限公司印装
710×1000　16 开　9.75 印张　150000 字
2023 年 11 月第 1 版　2023 年 11 月第 1 次印刷
ISBN 978 － 7 － 5218 － 4373 － 6　定价：58.00 元
（图书出现印装问题，本社负责调换。电话：010 － 88191545）
（版权所有　侵权必究　打击盗版　举报热线：010 － 88191661
QQ：2242791300　营销中心电话：010 － 88191537
电子邮箱：dbts@ esp. com. cn）

前　言

　　人工智能的飞速发展给劳动力市场带来的冲击是当前和未来一段时间内紧迫的现实问题。18 世纪以来，人类社会经历了蒸汽技术、电力技术、信息技术三次影响深远的技术革命，使人类社会从"蒸汽时代"（1760—1840 年）、"电气时代"（1840—1950 年），走进了"信息时代"（1950 年至今）。每一次技术革命都带来劳动力市场的深刻变革，也使得经济和社会发展进入了一个崭新的周期。当前，人工智能技术正在渗透并重构生产、分配、交换、消费等经济活动环节，形成从宏观到微观各领域的智能化新需求、新产品、新技术、新业态。以人工智能为核心驱动力的第四次技术革命正深刻改变着我们的经济与社会形态。如何在人工智能的迅猛发展带来的大变革之前做好准备是当前亟待研究的问题。

　　人工智能的蓬勃兴起将推动产业变革，带来新的社会文明，是一场影响深远的技术革命，必将深刻影响劳动力市场。

　　人工智能的飞速发展带来对劳动力技能需求的变化。世界银行发布的《2019 年世界发展报告：工作性质的变革》指出，科技进步带来工作性质的变革，三类技能在劳动力市场上的重要性与日俱增，分别是高级认知技能（比如解决复杂问题的能力）、社会行为技能（比如团队工作能力）以及能够预测适应能力的技能组合（比如推理能力）。

人工智能技术的发展对劳动力供给的影响主要体现在劳动力的工作压力增大。一方面，由于人工智能对劳动力的替代效应的影响，未来劳动力将面临与机器直接竞争以求得生存的状况，这将导致劳动力的工作压力增大，过度工作导致不良健康状况变得普遍。另一方面，当生产流程中某些环节实现智能化改造，从而提高生产效率的时候，处于同一生产流程中其他环节的劳动力也势必需要提高劳动效率，承担的工作压力也随之增大。

人工智能技术的发展也对劳动力供给带来教育转型的冲击，终身学习将成为常态。人工智能技术的变革正在重新定义劳动力市场的技能需求。为了在有人工智能辅助的工作中保持良好的竞争力，劳动力必须在学校教育中或者在职培训中获得必要的技能。在人工智能技术不断进步的背景下，各种技能水平的劳动力都需要保持终身学习的能力和习惯以不断获得新的技能，以免被劳动力市场淘汰。

人工智能技术的发展可能带来劳动力议价能力的降低，劳动争议增加。对此我们要保持足够的谨慎，政府要采取相应的政策措施保障劳动力的权益，使大众共享技术成果，实现包容性增长。

"文明若是自发地发展，而不是在自觉地发展，则留给自己的是荒漠"，这是马克思在100多年前对人类突飞猛进的工业文明发出的忠告。人工智能推动的第四次技术革命正汹涌而来，是让其自发发展，还是自觉发展，无疑我们选择后者，这也是本书研究的逻辑起点。按照马克思主义的思想，技术是人与自然的中介。技术的本质是人利用自然、改造自然的工具。技术的中介特征，决定了技术的双重属性，既必须符合自然的发展规律，又受社会条件的制约。从技术的本质出发，以人为中心，以人为尺度，为人类造福，技术才有价值和意义。因此，通过对人工智能的深入研究，使技术向着促进人的全面发展和本质展现的方向发展，是本书研究的最终归宿。

　　本书是天津市哲学社会科学规划课题"马克思主义视野下人工智能对劳动力市场的影响机理研究"（TLJ18-001）的阶段性成果。本书整体的研究思路遵循事物的发展过程，逻辑结构按照从历史到现实的顺序组织。首先，分析历史，总结前三次技术革命对劳动力市场的影响和应对经验；其次，立足当下，认清人工智能的本质、特点和现实发展，从劳动力供给、劳动力需求、劳动力市场环境和劳动关系四个方面分析人工智能影响劳动力市场的内在机理；再次，构建模型，分析与评价人工智能对劳动力福利的影响；最后，展望未来，寻找化解人工智能对劳动力市场冲击的策略选择。

　　本书在撰写过程中参考了国内外诸多专家的成果，有的已经在参考文献中列出，但难免有所疏漏，在此对已列出的和未列出的专家一并表示感谢。感谢经济科学出版社的刘丽编辑及其同事为本书的出版所付出的辛勤劳动。

　　本书对人工智能影响劳动力市场的理论与实践的分析和探索，尚属于初步成果，后续研究仍有待于深化，存在的不足之处，恳请各位读者批评指正。

目 录

第1章 导论 ·· 1

  1.1 研究背景与研究意义 ··· 1

    1.1.1 研究背景 ·· 1

    1.1.2 研究意义 ·· 3

  1.2 相关研究综述 ··· 4

    1.2.1 关于技术进步与劳动力市场关系的理论综述 ···················· 4

    1.2.2 人工智能对劳动力市场的影响引发的各界关注 ·················· 7

    1.2.3 关于人工智能时代劳动力市场前景的判断 ······················ 8

    1.2.4 人工智能对劳动力市场影响的传统理论模型研究 ·············· 9

    1.2.5 人工智能对劳动力市场影响的预测 ··························· 12

    1.2.6 述评 ·· 14

  1.3 研究框架与研究方法 ·· 14

    1.3.1 研究框架 ··· 14

    1.3.2 研究方法 ··· 17

第2章 概念界定与理论基础 ·· 18

  2.1 概念界定 ·· 18

    2.1.1 技术创新 ··· 18

    2.1.2 技术变迁 ··· 19

    2.1.3 劳动力和劳动力市场 ·· 21

2.2　理论基础 ································· 22

　　2.2.1　"机器大生产"理论 ················· 22

　　2.2.2　"人的全面发展"理论 ··············· 24

　　2.2.3　技术—经济范式理论 ················ 25

第3章　人工智能的本质特点与现实发展 ·········· 28

3.1　人工智能的定义与发展 ················· 28

　　3.1.1　人工智能的概念界定 ················ 28

　　3.1.2　人工智能的发展历程 ················ 31

　　3.1.3　人工智能的三个学派 ················ 32

　　3.1.4　人工智能与机器学习、深度学习的关系 ····· 33

3.2　人工智能的本质与特点 ················· 37

　　3.2.1　人工智能的本质 ··················· 37

　　3.2.2　人工智能的特点 ··················· 38

3.3　当前人工智能的关键技术和主要领域 ········ 40

　　3.3.1　人工智能技术研究的主要领域 ·········· 40

　　3.3.2　常见的智能技术及其应用领域 ·········· 42

3.4　人工智能的社会经济影响 ··············· 43

第4章　技术革命对劳动力市场影响的历史考察 ······ 47

4.1　第一次技术革命及其对劳动力市场的影响 ····· 47

4.2　第二次技术革命及其对劳动力市场的影响 ····· 49

4.3　第三次技术革命及其对劳动力市场的影响 ····· 51

4.4　第四次技术革命及其对劳动力市场的影响 ····· 54

第5章　人工智能影响劳动力市场的作用机理 ······· 60

5.1　人工智能的发展和应用对劳动力供给的影响 ···· 60

　　5.1.1　劳动工时的变化 ··················· 60

5.1.2　失业的担忧 …………………………………………… 61

5.1.3　劳动力再就业困难 …………………………………… 63

5.1.4　对劳动力教育问题的挑战 …………………………… 64

5.2　人工智能的发展和应用对劳动力需求的影响 ………………… 66

5.2.1　劳动力需求的技能变化 ……………………………… 66

5.2.2　劳动力需求的数量变化 ……………………………… 67

5.2.3　劳动力需求的形式复杂化 …………………………… 69

5.3　人工智能的发展和应用对劳动力市场环境的影响 …………… 71

5.3.1　劳动力供求失衡 ……………………………………… 71

5.3.2　加剧市场行业垄断 …………………………………… 72

5.3.3　劳动力市场极化现象 ………………………………… 73

5.3.4　劳动力市场不平等现象 ……………………………… 74

5.3.5　加剧劳动力社会保障的风险 ………………………… 77

5.4　人工智能的发展和应用对劳动关系的影响 …………………… 77

5.4.1　劳动力话语权削弱 …………………………………… 78

5.4.2　劳动争议增加 ………………………………………… 79

5.4.3　对现代有关劳动力市场的法律产生挑战 …………… 79

第6章　人工智能影响劳动力福利的分析与评价 ……… 82

6.1　衡量劳动力福利的关键因素 …………………………………… 82

6.2　人工智能影响劳动力福利的关键因素 ………………………… 85

6.2.1　工作 …………………………………………………… 86

6.2.2　教育 …………………………………………………… 86

6.2.3　健康/预期寿命 ………………………………………… 87

6.2.4　机会均等 ……………………………………………… 87

6.2.5　环境 …………………………………………………… 88

6.3　人工智能影响劳动力福利的评价模型 ………………………… 89

6.3.1　人工智能影响劳动力福利模型的指标选择 ………… 89

6.3.2 人工智能影响劳动力福利的动力框架 ……………… **91**

6.3.3 人工智能影响劳动力的福利效果场景模拟 ………… **93**

第7章 人工智能时代破解劳动力市场困境的可行性分析 …… **97**

7.1 人工智能时代劳动力市场新机遇 ………………………… **97**

7.1.1 人工智能替代单调危险的工作 ……………………… **97**

7.1.2 人工智能有助于劳动力从事更具价值的工作 ……… **98**

7.1.3 人工智能简化劳动关系 ……………………………… **98**

7.2 技术的性质及其作用 ……………………………………… **99**

7.2.1 技术中性 ……………………………………………… **99**

7.2.2 技术本身可以帮助消除负面作用和平抑风险 ……… **99**

7.3 积极主动的管理有助于应对困境 ……………………… **100**

7.3.1 人工智能采用的重点在于创新增长 ……………… **100**

7.3.2 政企协同引导人工智能创新方向 ………………… **100**

7.4 人工智能与供给侧结构性改革相结合有助于应对困境 … **101**

7.4.1 人工智能与供给侧结构性改革均被提上日程 …… **101**

7.4.2 人工智能提升供给质量 …………………………… **102**

7.4.3 人工智能提高供给效率 …………………………… **102**

7.4.4 人工智能创新供给结构 …………………………… **103**

7.4.5 人工智能拓展供给空间 …………………………… **103**

7.4.6 人工智能丰富供给内容 …………………………… **104**

第8章 人工智能时代破解劳动力市场困境的策略选择 ……… **105**

8.1 人工智能时代破解劳动力市场困境的战略导向 ……… **105**

8.1.1 以人为本主动管理技术变迁 ……………………… **105**

8.1.2 主动管理技术变迁以实现共同富裕 ……………… **106**

8.2 政府的政策抉择 ………………………………………… **107**

8.2.1 构建良好的人工智能政策环境 …………………… **107**

8.2.2　打造适应新环境的就业政策 ……………………… **115**

8.2.3　完善劳动力市场保障政策 ………………………… **124**

8.2.4　促进高等教育变革 ………………………………… **127**

8.3　企业的战略选择 …………………………………………… **129**

8.3.1　加快人工智能部署 ………………………………… **130**

8.3.2　重新考虑组织设计 ………………………………… **130**

8.3.3　建立核心数字能力 ………………………………… **131**

8.3.4　引导管理劳动转型 ………………………………… **132**

8.3.5　积极寻求政企合作 ………………………………… **133**

8.4　个人的策略应对 …………………………………………… **134**

8.4.1　以积极的态度拥抱人工智能 ……………………… **134**

8.4.2　个人努力推动政府和企业的行动 ………………… **134**

8.4.3　终身学习提高适应性就业能力 …………………… **135**

8.4.4　为职业发展做好准备 ……………………………… **136**

参考文献 ……………………………………………………………… **137**

第1章 导　　论

1.1　研究背景与研究意义

1.1.1　研究背景

科学技术的发展，在有力地促进人类社会发展的同时，技术革命也以其"颠覆性创新""创造性破坏"，不断催生新的经济模式，带来经济社会的革命性变革。从以蒸汽机的发明和使用为代表的第一次技术革命以来，人们从未停止过对"机器代替人"的担忧。卡尔·马克思在19世纪就曾指出，"机器不仅是劳动力的有力竞争者，而且总是让劳动力变得多余"（Karl Marx，1867）。约翰·梅纳德·凯恩斯在1930年也曾警告过，"技术会导致大规模失业"（John Maynard Keynes，2010）。然而过往的历史表明，历次技术革命都使得生产力提高、社会财富增加、人们生活水平提高、预期寿命延长。伴随着一些工作的消失，更多的工作被创造出来。

当前，人工智能经过60多年的发展已取得突破性进展，在经济社会各领域开始得到广泛应用。人工智能技术的发展挑战传统生产模式，正在模糊企业边界，支持越来越多的服务从企业外部的劳动力市场获得。人工智能技术的发展造成超级明星企业出现，可能加剧市场的垄断。人工智能技术的发

— 1 —

展正在推动人类社会进入智能化时代。人工智能技术进步造成的"创造性破坏"将如何影响我们的工作，与以往是否会有不同，这是人们热切关注的问题。

Sun 公司的联合创始人维诺德·科斯拉（Vinod Khosla，2014）曾提到，经济理论主要是基于历史的外推或者判断，而不是因果关系。但事实上，如果创造就业的基本的驱动因素发生了变化，那么结果可能会有所不同。如果此次技术革命建立的是比训练有素的人类更复杂、更微妙的，具有判断和决策能力的系统，那么就与以往的技术革命会有很大不同。以前的技术革命是增强人类的能力，此次技术革命则是替代人类进行判断和决策。一旦这样的系统得以建立，就意味着对人类劳动和判断的需要的减少，从而使得劳动相对于资本贬值。因此，我们对未来工作的担心不无道理。

1956 年人工智能（Artificial Intelligence，AI）的概念被正式提出，标志着人工智能学科的诞生。人工智能的发展目标是赋予机器类人的感知、学习、思考、决策和行动等能力。人工智能的本质是生产和运用知识完成任务的通用能力，其鲜明的特点是：一是人工智能是思想、知识生产的自动化，即通过学习自动产生知识；二是人工智能算法具有非竞争性，即人工智能算法可以无成本的复制，并很快扩展到各个应用领域；三是人工智能是一种最具通用能力的"通用目的技术"（General Purpose Technology，GPT）。

鉴于人工智能发展已经和将要带来的经济社会的深刻变革，世界上主要的发达国家，如美国、英国、德国、日本、法国等都制定了发展人工智能的国家战略，我国也于 2017 年发布了《新一代人工智能发展规划》，社会各界对发展人工智能的重大战略意义已形成广泛共识。世界各国家纷纷加大了对人工智能等新技术的投入，智能生产、智能制造、智能服务的领域不断扩大。从事智能制造、智能服务的企业更是如雨后春笋般出现。人工智能已成为引领 21 世纪科技发展的主旋律。

为了顺应新世纪科技发展趋势，我国在 2015 年发布了《中国制造2025》，提出"以推进智能制造为主攻方向"。2016 年 5 月推出了以培育发展人工智能新兴产业，推进重点领域智能产品创新，提升终端产品智能化水平的《"互联网+"人工智能三年行动实施方案》。2017 年 12 月又推出了《促进新一代人工智能产业发展三年行动计划（2018—2020 年）》。2019 年 3 月，中央全面深化改革委员会审议通过了《关于促进人工智能和实体经济深度融合的指导意见》，表明了国家全力推动智能产业智能经济的战略意图和决心。未来以人工智能为核心的高科技产业将成为我国发展的重点，人工智能技术将加速与实体经济的深度融合，这些都将对劳动力市场产生重大影响。

当然，与几个世纪以来每次重大的技术变革发生时一样，人工智能的发展，既激发了人类的想象力，也引发了人们对其影响的广泛的担忧。虽然人们对人工智能发展的长期利益，比如对健康，普遍持积极态度，但许多人也担心对他们生活的负面影响，特别是在工作保障、物质生活水平等方面。我们不应该必然设想人类将被淘汰、大规模失业将成为未来的新常态。与此同时，由于许多职业确实会消失，许多其他职业也将发生重大变化，因此，研究什么样的策略可以降低人工智能的有害影响，并增强其积极影响，是很重要的。我们需要预期必要的体制改革，在设计新政策方面进行试验，特别是在教育和技能发展方面，在影响技术进步的方向方面（Trajtenberg，2018）。

在人工智能技术的快速发展应用背景下，我国劳动力市场面临着前所未有的巨大挑战，劳动力需求、劳动力供给、劳动力的供需匹配、劳动关系、劳动力市场环境等都正在经历深刻的变化。

1.1.2　研究意义

以理论为指导，分析历史，总结前三次技术革命对劳动力市场的影响；立足当下，面对以人工智能为核心驱动力的第四次技术革命对劳动力市场的冲击，寻找化解的途径、策略、方法，不仅可以在理论层面拓展马克思主义政治经济学的研究视野，深入挖掘科技进步与劳动力市场运行背后所蕴含的历史规律，而且对于指导人工智能时代的战略选择与公共政策制定具有重大的理论意义与实践价值。本书有助于对人工智能影响劳动力市场的维度、方式、趋势作出更加合理的解释和评估，有助于更加准确地把握对人工智能时代劳动力市场的未来发展方向，为公共部门的科学化决策提供参考和依据，对于指导人工智能时代的战略选择与公共政策制定具有重要的应用价值。

1.2 相关研究综述

人工智能作为影响面广的颠覆性技术，对人类就业的未来带来深远的影响。在人工智能技术发展和新型人才模式的推动下，劳动力市场正在迅速发生变化。人工智能会取代我们的工作吗？这是很多人关注人工智能的首要原因。这样的问题，也引起了学术界、社会各组织的关注。在此对相关研究进行梳理和总结。

1.2.1 关于技术进步与劳动力市场关系的理论综述

古典经济学家对于技术进步与劳动力市场的论述可以从1695年约翰·卡里（John Cary）的《关于贸易的演说》讲起。他指出，新的技术改进了生产工艺，降低了产品的价格，低廉的价格能够创造消费，从而带来新的就业。

1776年亚当·斯密（Adam Smith）在《国富论》中指出，就业结构随着生产性劳动的增加带来的经济规模的扩张而发生相应的变化。1803年萨伊（Jean Baptiste Say）在《政治经济学概论》中提出了"供给会自行创造需求"的论断，对此后人把它概括为"萨伊定律"，认为每一个商品生产者都是理性的，都会尽力扩大生产、销售行为，这样社会的生产、销售就能达到最高水平，就能实现充分就业。1817年约翰·巴顿（John Barton）在《论影响社会上劳动阶级状况的环境》中指出："当技术得到培养，文明得到发展时，固定资本相对于流动资本而言总是占有越来越大的比例。在英国生产一匹细布所需利用的固定资本比在印度生产同样一匹细布至少大100

倍，或许大 1000 倍之多；而需利用的流动资本则仅及百分之一或千分之一。可以很容易想象，在某种情况之下，一个勤劳的民族每年的全部储蓄可能会增加到固定资本当中去，这样，它们对劳动需求的增加不会产生影响。""因为如果工资因生活费用上涨而上升，固定资本的利润与流动资本的利润之间的均衡就会打破，制造商或农民就会使用马达或机器来替代人力劳动。一部分劳动力就会因而失业，竞争就会很快将工资降低到以前的水平。"约翰·巴顿在 1833 年发表的《为谷物法辩护》中，对于那种认为失业劳动力可以很容易地在其他工业中找到就业的理论提出了质疑。大卫·李嘉图（David Ricardo）最初对于机器的作用持乐观态度，随着机器对劳动的替代现象越来越明显，李嘉图放弃了最初的观点，认为机器的使用最终造成工人失业人数相对地日益增加。英国经济学家庇古（Arthur Cecil Pigou）认为劳动力市场的均衡就业量取决于工资率，工资率的自由变动可以调节劳动力供给和需求。如果工资率低于边际劳动产值，增加劳动的雇佣将增加企业的利润，企业就会通过扩大投资或采用劳动密集型的生产增加就业量；如果工资率超过边际劳动产值，增加劳动的雇佣企业将无利可图，企业就将通过减少投资或采用资本密集型的生产降低对劳动力的需求，减少就业量。因此，只要劳动力自愿降低工资水平，吸引企业增加雇佣人员，就能解决劳动力市场存在的失业问题，最终实现充分就业。

约瑟夫·熊彼特（Joseph Schumpeter）是创新和经济周期理论的开创者，他以创新来解释经济周期问题。在熊彼特看来，建立一种新的生产函数即是创新，而生产函数的"自变量"则可以是生产方式、市场、产品、原料或组织形式，通过"自变量"本身的变化或是重新组合实现创新，从而提高生产效率，刺激经济活力，促进经济发展。显然，熊彼特所提出的"创新"是涵盖经济生产领域多方面的创新，技术创新则是其中一种。熊彼特认为技术进步的过程就是"创造性破坏"的过程，原有的落后技术被高新技术替代，相应的生产部门也随之发生兴衰变化，技术进步在破坏落后生产部门的过程中创造出一批具有更强生命力的产业，在破坏原有就业岗位的基础上创造新的就业岗位。根据熊彼特的观点，技术创新是经济周期产生的原因，而周期性失业则是经济波动的直接后果。在技术创新的初始阶段，由于新技术的应用效果尚不明朗以及多方面的创新风险，大部分企业会持观望姿态，只有少部分生产部门会率先进行技术革新，因此，技术创新对劳动力市场的影响在这一阶段并不显著；随后，技术应用前景基本明朗，新技术的应用为部分企业带来了显著收益，大量企业才正式开启技术革新的浪潮。在新技术的刺激之下，新企业、新部门、新产品大量涌现，由此产生大量的就业机会，就业结构也发生变化。原有落后生产部门的一部分员工在经过一定的培训之后进入新兴的生产部门，实现再就业；还有一部分劳动力因为长期无法进入其他生产部门，从而退出劳动力市场。当技术创新发展到后期，市场趋于饱和，机会窗口关闭，未能进行技术革新的企业在激烈的竞争压力下不得不退出市场，就业率在这种经济市场自我更新的过程中受到冲击。此外，由于新企业的市场挤占效应以及社会劳动生产率的提高，企业利润率相较于之前有所降低，劳动力吸纳能力也相应降低。整个经济呈现衰退迹象。不过，该阶段的经济衰退又会促进企业推陈出新，开启新一轮的技术创新，促进经济复苏，如此循环往复，形成经济周期，并在经济周期性发展的过程中产生周期性的就业状况变化。由于创新的出现和扩散并没有明确的时间节点，这种不均衡的发展状况决定了经济周期也有长短之别。熊彼特依据近代以来根本性的技术变革将资本主义经济发展过程划分为 1787—1842 年的产业革命时代，1842—1897 年的钢铁和蒸汽时代，以及 1898 年之后的电气、化学和汽车工业时代。与此同时，他通过对比分析进一步得出了近代以来出现过的几次大规模失业危机发生的时间与技术创新成果快速推广应用的时间基本相符。在此基础上，熊彼特推翻了之前科学家普遍认为的周期性失业与技术性失业截然不同的观念，提出周期性失业等同于技术性失业，失业呈现的周期性规律正是由于技术的周期性创新所引起的，两者是同根同源的。

熊彼特从创新的角度揭示了资本主义经济的演进过程，其创新与经济周期理论为技术进步与就业关系的后续研究提供了理论基础。同时，熊彼特的理论思想也存在局限性，比如过分强调企业家在创新方面的作用，缺乏对于制度创新的阐述，忽视了生产力与生产关系的矛盾对于社会发展的关键作用。另外，熊彼特虽然对技术进步与就业状况之间的关系进行了阐述，但仍停留在基础阶段，缺乏后续深入的、有针对性的、体系化的实证研究。

1.2.2　人工智能对劳动力市场的影响引发的各界关注

人工智能技术的进步使机器能够自动完成知识工作者长期以来认为不可能完成或不切实际的任务。人工智能感知环境得到数据，从数据中提取知识，运用知识进行思考、规划、决策，并通过与环境互动完成指定任务。这种信息处理的能力，具有了知识生产的能力，拓展了人类的认知、决策能力。人工智能成为新一轮技术革命和产业变革的重要驱动力量，已成为国际竞争的新焦点，也引起社会各组织和学术界的广泛关注。

世界经济论坛在 2016 年和 2018 年连续两次发布了《未来就业报告》，对以人工智能为核心的第四次技术革命对就业的影响进行了深入分析，并从政府、企业和个人方面给出了积极应对策略。世界银行发布的《2019 年世界发展报告》将"未来的工作"作为主题。美国国家经济研究局（National Bureau of Economic Research，NBER）从 2017 年起，每年都举办一次人工智能经济大会，其中人工智能将如何影响劳动力市场是会议的一个重要主题。麦肯锡全球研究所，很早就开始关注人工智能对就业的影响，发布了多个人工智能与未来工作的报告，比如 2016 年发布《失去的工作，获得的工作：自动化时代的劳动力转变》，2018 年 5 月和 6 月分别发布《技能转移：自动化和劳动力的未来》《自动化和未来的工作：要解决的十件事》。普华永道2018 年发布《未来的劳动力 —— 塑造 2030 年的竞争力量》报告指出，工作方式正在经历根本性的转变，自动化和 AI 技术正在取代人工任务和工作，这些重大变革带来了巨大的组织、人才和人力资源挑战，该报告还提出了2030 年的"四个工作世界"，帮助企业对可能出现的许多情况进行思考。由国际电信联盟与 40 个联合国伙伴机构合作举办的"人工智能造福人类全球峰会"（AI for Good Global Summit）。从 2017 年起每年在瑞士日内瓦召开峰会的目标是将人工智能创新者与问题拥有者联系起来，确定人工智能的实际应用，以加速实现联合国可持续发展目标，确保人工智能技术得到可信、安全和包容的发展，并公平获取其收益。联合国于 2017 年 11 月发布《新技术革命对劳动力市场和收入分配的影响》报告，分析了人工智能引领的技术革命，以及技术创新影响劳动力市场和不平等的途径。国际劳工组织 2017 年 8 月 21 日在日内瓦举行了新成立的"全球未来工作委员会"（Global Commission on the Future of Work）的发布会，致力于解决当下和未来的工作世界的许多关键问题。2019 年 6 月国际劳工大会在其 108 届会议上通过《国际劳工组织关于劳动世界的未来百年宣言》，呼吁各国政府承诺采取一系列措施，以应对工作领域前所未有的变革所带来的挑战。经济合作与发展组织（OECD）"未来工作倡议"着眼于人口变化、全球化和技术进步对就业的影响，以及劳动力市场的包容性，并探讨这些对劳动力市场和社会政策的影响。欧盟在 2019 年 4 月 9 日至 10 日召开"高级别会议—工作的未来：今天，明天，为了所有人"，就工作领域发生的主要变化进行了公开讨论。斯坦福大学于 2019 年 3 月 18 日宣布成立斯坦福"以人为本"人工智能研究院（Stanford Institute of Human Centered AI, Stanford HAI）。它的使命是推动人工智能研究、教育、政策和实践，以改善人类状况，并提出以人为本的人工智能的三项原则，即发展人工智能的过程中必须考虑人工智能对人类社会的影响；人工智能的应用是为了赋能人类，而非取代人类；人工智能必须尽可能像人类智慧一样敏感、细腻、有深度。

1.2.3　关于人工智能时代劳动力市场前景的判断

人工智能的发展带来经济和社会效益的同时，不可避免地引起劳动力的恐慌和抵触情绪。对此，一部分学者持乐观态度。这些学者认为生产力越发达，创造的就业岗位就越多，人类没有必要担心人工智能会使失业会越来越严重。印孚瑟斯技术公司（Infosys）首席执行官史维学（Vishal Sikka, 2017）认为虽然美国农场雇佣工人占美国劳动力的比重已经从 20 世纪初时的 38% 下降到现在的不足 1%，但整体就业岗位已大幅增加。时任微软亚洲研究院院长的洪小文在 2016 年中一次采访中预言："三年之内，人工智能一定会被普及化，但是人工智能结合人类智能，会造就更多工作机会。"人类学家本杰明·舍斯塔科夫斯基（Benjamin Shestakofsky）认为，"软件自动化可以取代劳动力，但它也会产生新的人机互补"，企业"正创造新的工作种类"。另一位人类学家施里哈什·克尔卡（Shreeharsh Kelkar）指出，之前人们普遍认为在教育行业数字教学工具的出现将让教师的重要性降低，但事实是教师正利用这些数字工具提高效率，"人类与电脑正在合作"（吉莲·邰蒂，2016）。

也有相关领域的专家表示出对人工智能的担忧，持悲观态度。特斯拉首席执行官伊隆·马斯克（Elon Musk）表示他对计算机未来的发展，尤其是人工智能技术遭到的恶意应用感到担忧。微软创始人比尔·盖茨（Bill Gates）表示自己对超级人工智能充满担忧，在几十年的发展之后，人工智能很可能强大到需要警惕的阶段。著名科学家史蒂芬·霍金（Stephen Hawking）提出"人工智能威胁论"，认为人工智能一旦脱离束缚，将以不断加速的状态重新设计自身。人类由于受到漫长的生物进化的限制，无法与之竞争，将被取代。

1.2.4　人工智能对劳动力市场影响的传统理论模型研究

结合已有的一些工作（Bertin Martens & Songül Tolan，2018；陈永伟，2018）对相应的理论与实证研究工作进行梳理。由于人工智能技术近十年发展迅速，但相应的研究数据较少，所以很多研究者将人工智能看作是一种更深层次的自动化来进行研究，许多研究工作都是针对自动化对就业的研究。

机器与人之间的替代和互补，是分析技术变迁对就业影响的传统模型。互补模型认为技术进步造成的工作损失，可以被更高的工资、经济增长和其他部门更多的就业机会所抵消。替代模型认为，技术会导致工作岗位的转移，导致两极分化、技能退化，甚至可能导致失业。大卫·奥特（Autor，

2015）总结了自动化中机器与人的替代与互补，指出"自动化影响劳动力需求的核心经济机制是：提高只有劳动力能做的任务的价值"。当自动化或计算机化使工作过程中的某些步骤更可靠、更便宜或更快时，这就增加了生产链中剩余的人工环节的价值。如果劳动力提供的是与自动化互补的工作，他们将直接受益。

阿格拉瓦尔等（Agrawal et al.，2019）将人工智能技术看作是降低预测成本的技术，研究了哪种类型的人力劳动将成为新兴技术的替代品和补充。因此，当科技进步使机器接管了重复、日常事务性工作的同时，科技也会放大我们的影响力，提升我们的专业能力、判断能力以及创造能力的重要性。

在20世纪90年代提出的"技能偏向性的技术变革"（skills-biased technological change）是生产技术的一种转变，有利于熟练劳动力而非非熟练劳动力（Violante，2008）。技术进步创造的就业机会不断要求更高的技能，人们可以通过大学教育或其他技能培训获得这些技能。关注"技能偏向性的技术变革"的学者分析哪些任务和工作是可以被自动化的，以及这将对劳动力产生什么影响。戴明（Deming，2017）在一个模型中修正了对技能偏向性的技术变革的分析，认为劳动力可以根据其生产力的相对优势来交换任务，即融入了劳动力的社交技能。模型显示，更好的社交技能可以降低交易成本。

阿西莫格鲁（Acemoglu）和雷斯特雷波（Restrepo）提出了基于任务的模型。他们认为："机器人技术和人工智能在众多行业迅速普及，正在越来越多的任务中使用机器代替人力。""我们框架的核心思想是，自动化、人工智能和机器人将取代劳动力执行以前的任务，并通过这个渠道产生强大的替代效应。与宏观经济学和劳动经济学中普遍的假设认为提高生产率的技术总是会增加总的劳动力需求不同，替代效应是减少对劳动力的需求，这意味着自动化带来的人均产出增加，不会导致劳动力需求的成比例扩大，从而导致工资与人均产出脱钩，劳动力在国民收入中所占比例下降。"

阿西莫格鲁和雷斯特雷波（2018）将生产过程分为要求人工完成的

任务和可以自动化执行的任务。自动化扩展了机器可以执行的任务集，并取代了人力。它不可避免地降低了该任务增值中的工资份额，增加了资本在增值中的份额。然而，技术创新也可能导致新的人工任务的产生，增加了劳动力的就业。对于已有的技术与就业的两种观点：一种认为，人工智能和机器人技术的进步将终结人类工作；而另一种认为，过去的技术突破最终增加了对劳动力的需求和工资，没有理由担心这一次会有什么不同。这两种观点都没有认识到劳动力的未来取决于自动化和新任务的创造之间的平衡。如果伴随着劳动具有比较优势的一系列任务的相应增长，自动化往往会导致劳动力需求和工资的健康增长。尽管有充分的理由来解释为什么经济会创造新的任务，但需要必要的投资和调整的情况下才能实现，并非自然发生。人工智能和机器人可能会永久性地改变这种平衡，导致自动化先于新任务的产生，而这些新任务会给劳动力带来负面影响，至少在劳动力占国民收入的比例方面是如此。另外一个结论是：与通常的认识相反，威胁劳动力的不是那些出色的、超生产力的自动化技术，而是那些刚刚好到能够取代现有劳动力，但是不能大大提高生产力的技术。阿西莫格鲁和雷斯特雷波（2019）用美国的数据为这个基于任务的模型的综合版本提供了经验证据。

格雷戈里等（Gregory et al.，2016）对 1999—2010 年的欧盟数据应用了一个类似的基于任务的框架。他们证实了存在着较强的减少就业的替代效应，同时也发现补充需求和溢出效应远远弥补了这一效应，使技术的净就业效应是积极的。然而，这一发现依赖于从技术进步中获得的资本收益反馈到产品需求中。如果仅仅工资收入的增长反馈到需求中去，那么总的劳动效应就只有原来的一半。这突出了收入再分配政策的重要性。

对于基于任务的模型的批评在于其任务的定义、任务的粒度都没有明确的说法，以及工作任务与对应所需技能数据的不完整等。针对这些问题，弗兰克等（Frank et al.，2019）分析了阻碍科学家测量人工智能和自动化对未来工作的影响的障碍，即缺乏关于工作性质的高质量数据（例如职业的动态需求）、缺乏关键微观过程的经验模型（例如技能替代和人机互补），以及对认知技术如何与更广泛的经济动态和体制机制（如城市移民和国际贸易政策）相互作用的理解不足并提出了克服这些障碍的方法，如改进数据的纵向和空间分辨率，以及改进工作场所技能的数据等。

在人工智能对工作影响的实证研究方面，由于人工智能数据缺乏，还没有相关的直接实证结果。但在机器人方面，有一些实证研究结果：如弗朗西斯科等（Francesco et al.，2018）使用1995—2007六个欧盟国家的数据进行研究发现置换效应占主导地位，即工业中每千名劳动力增加一名机器人，使整体就业率下降0.16~0.20个百分点。对于中等技术劳动力和年轻劳动力而言，替代效应特别明显。机器人技术也正在减少美国制造业的就业机会（Acemoglu & Restrepo，2020）。

1.2.5　人工智能对劳动力市场影响的预测

研究者试图绕过以往缺乏经验证据的情况，直接预测人工智能未来对就业的影响，而不考虑就业互补或工资效应。这些预测数据经常见于各媒体，并被大量引用来说明人工智能对工作的替代。

弗雷和奥斯本（Frey & Osborne，2017）最先预测人工智能对就业的影响。他们评估了三类技能（感知和操纵任务、创造性任务和社会智能）的自动化风险。牛津大学（University of Oxford）的机器学习专家被要求从美国劳工部使用的O＊NET在线就业数据库中抽取70个职业作为样本进行分类，通过询问机器学习专家问题来进行评估。询问的问题是："能否根据大数据的可用性，充分规定这项工作的任务，由最先进的计算机控制设备来执行？"这些职业要么是严格可自动化的，要么是不可自动化的。然后使用一种机器学习算法对该样本进行扩展，根据他们的任务构成对剩下的632个美国职业类别进行分类。当自动化的可能性大于0.7时，该职业被认为处于危险之中。根据这些可能性，初步估计美国总就业人数的47%属于高风险类别，这意味着相关职业可能会在一段不确定的时间内实现自动化，可能是10年或20年。显然，弗雷和奥斯本的研究有方法上的局限性：只着眼于自动化的最消极的方面，即机器和人力之间的替代，而不考虑这种替代可能引发的互补性和其他潜在的更积极的经济影响；在相当高的职业聚集水平考虑任务的是否可替代，例如，办公室管理任务的整个职业类别仍被认为具有高度的自动化风险，但实际上一些子任务也需要创造性、社会性和物理的操作技能，这些技能很难自动化；基于专家意见的概率是有指导意义的，但不是决定性的。

陈永伟和许多（2018）使用弗雷和奥斯本（2017）的模型对中国的就业进行了预测，得出结论是总就业的 76.76% 在未来 20 年中会受到人工智能的冲击，如果只考虑非农业人口，比例是 65.58%。

阿恩兹等（Arntz et al.，2016）利用 OECD PIAAC 的调查数据进行预测，结论比较乐观，认为美国约有 9% 的工作会被取代。内德尔科斯卡和昆蒂尼（Nedelkoska & Quintini，2018）使用相同的数据，对 32 个不同的国家进行了跨国比较，考察了不同人口群体之间的风险分布，以及培训在劳动力市场向适应新技术的结构转型过程中所发挥的作用。他们发现，在所有国家中，近 50% 的工作岗位面临着因自动化而发生重大变化的风险。14% 的工作岗位被替换的风险在 70% 以上，32% 的工作岗位被替换的风险为 50% ~ 70%。制造业和农业的就业受到的影响更大。

麦肯锡全球研究所的 2017 年的一份报告中指出：随着人工智能和机器人技术改变或取代某些工作，同时创造出其他工作，自动化将给工作领域带来重大转变。全球数百万人可能需要转换职业，提高技能。自动化将改变更多的职业，60% 的职业至少有 30% 的组成工作活动可以自动化；对 46 个国家的预测表明，到 2030 年，可能会有 0 ~ 1/3 的工作活动被取代，中间值为 15%。从数量上看，中国将面临最大规模的就业变迁，预计将有 1200 万 ~ 1.02 亿人需重新就业（Manyika et al.，2017）。

对这种预测性数据，有批评者称这种前瞻性研究缺乏有效性，而且不同的研究者，对同一实体得出的预测数据可能相差很大，这也说明进行这种预测的难度很大。

1.2.6 述评

技能偏向性的技术变革导致了就业极化与不平等，技术进步对劳动力的替代使低技能劳动力和那些从事日常工作的劳动力面临更高的失业风险，他们承担的技术进步转型成本比其他劳动力要高得多。因此，分析人工智能对就业的影响不应简单地只从技术可行性角度去思考人工智能会替代多少劳动力，还需要分析不同类型劳动力的调整成本以及技术冲击的持续时间。

事实上，相对于历史上的前三次技术革命，人工智能对劳动力市场的影响范围更广，影响的程度更深，影响的时间更长。人工智能不但影响体力劳动者，而且影响脑力劳动者的工作；人工智能的"通用技术能力"扩展到人的决策和思维能力，从而可以替代人的思维进行决策工作，以及进行知识的生产和使用；技术进步的加速，对劳动力的技能要求也会迅速变化，未来的劳动力可能需要多次的技能再培训和提升，转型之路漫长。

综上，在对人工智能引领的第四次技术革命和历次技术革命的异同进行比较的基础上，考虑到人工智能对劳动力市场冲击的持续时间更长，增加对调整成本的考量，我们拟探讨如何管理好技术变迁导致的转型，应对日益严重的不平等，使人们共享科技进步的成果，共享繁荣。

1.3 研究框架与研究方法

1.3.1 研究框架

本书整体的研究思路遵循事物的发展过程，逻辑结构按照从历史到现实的顺序组织。首先，分析历史，总结前三次技术革命对劳动力市场的影响和应对经验；其次，立足当下，认清人工智能的本质、特点和现实发展，从劳动力供给、劳动力需求、劳动力市场环境和劳动关系四个方面分析人工智能影响劳动力市场的内在机理；构建模型，分析与评价人工智能对劳动力福利的影响；最后，展望未来，寻找化解人工智能对劳动力市场冲击的策略选择。人工智能对劳动力市场的影响机理与应对策略的总体研究框架如图 1 - 1 所示。

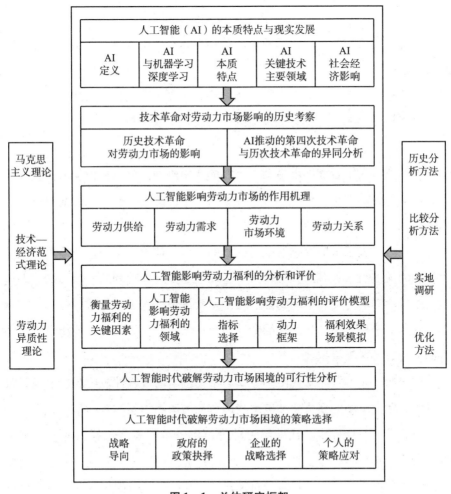

图 1 - 1 总体研究框架

全书共 8 章，具体安排如下。

第 1 章　导论。主要介绍了选题的背景和意义、国内外学术界研究现状、研究框架和分析方法，以及创新和不足之处。

第 2 章　概念界定与理论基础。包括技术创新、技术变迁、劳动力和劳动力市场等重要概念的界定，以及马克思主义理论和技术—经济范式理论的介绍。

第 3 章　人工智能的本质特点与现实发展。包括人工智能的概念界定、发展历程、人工智能的三个学派、人工智能与机器学习及深度学习的关系、人工智能的本质与特点、人工智能的关键技术和主要领域、人工智能的社会经济影响。

第 4 章　技术革命对劳动力市场影响的历史考察。包括历次技术革命对劳动力市场的影响、人工智能推动的第四次技术革命与历次技术革命的异同分析。

第 5 章　人工智能影响劳动力市场的作用机理。分别从劳动力供给、劳动力需求、劳动力市场环境和劳动关系四个维度深入剖析人工智能对劳动力市场影响的作用机理。

第 6 章　人工智能影响劳动力福利的分析与评价。首先，介绍衡量劳动力福利的关键因素；其次，分析人工智能影响劳动力福利的领域；最后，构建人工智能影响劳动力福利的评价模型。具体包括人工智能影响劳动力福利模型的指标选择、人工智能影响劳动力福利的动力框架、人工智能影响劳动力的福利效果场景模拟。

第 7 章　人工智能时代破解劳动力市场困境的可行性分析。包括人工智能时代劳动力市场的新机遇和破解我国劳动力市场困境的有利条件分析。

第 8 章　人工智能时代破解劳动力市场困境的策略选择。从政策制定者——政府，商业活动主体——企业，劳动力自身——个人三个主体角度进行深入分析，并给出了相应的对策建议，从整体上对破解我国劳动力市场困境进行了路径选择分析。

1.3.2　研究方法

（1）历史分析方法。技术革命影响劳动力市场的历史分析对于考察人工智能影响劳动力市场的现实、思考人工智能时代劳动力市场的未来具有重要的参考价值。

（2）定性分析与定量分析相结合。本书将定性分析与定量分析相结合，从而兼顾定性分析的深刻性与定量分析的可实证性二者的优势。在调研和数据搜集的基础上，采用模拟分析的方法构建人工智能影响劳动力福利的评价模型。

（3）比较分析。人工智能对劳动力市场的影响是世界范围内的。人工智能影响劳动力市场的国际经验对于分析人工智能时代破解劳动力市场困境的可行性具有重要的借鉴意义。

第 2 章 概念界定与理论基础

技术进步对劳动力市场的影响是经济学中一个常议常新的问题。技术进步在提高劳动生产率、转变经济结构、改善人们生活水平的同时，是否会导致大规模失业，抑或会有利于就业机会的增加？伴随着历次技术革命人们的疑惑和焦虑总是相伴而生。我们试图对技术进步与就业研究的相关理论发展进行简要总结和梳理。

2.1 概 念 界 定

关于人工智能的内涵和界定将在第 3 章进行详细介绍，本章仅对研究中需要涉及的其他主要概念进行界定与比较。

2.1.1 技 术 创 新

熊彼特首先明确提出了创新的概念。1912 年他在《经济发展概论》中将创新定义为："创新就是生产函数的变动，是生产要素的重新组合，也就是说在从事生产活动的过程中，由于改进生产技术，占领新的市场，投入新的产品等这些人们用智慧去改进生产方法、商业方法之后产生和形成的经济变动。"其中，"新组合"主要包含新产品、新技术、新市场、新材料和新组织。

1962 年伊诺斯（Enos）在《石油加工业中的发明与创新》一文中指出，"技术创新是几种行为综合的结果。这些行为包括发明的选择、资本投入的保证、组织建立、制订计划、招用工人和开辟市场等"。曼斯菲尔德（Mansfield）认为"一项发明当它首次应用时，可以称之为技术创新"。弗里曼（Freeman）指出，"技术创新是第一次引进一个新产品或工艺中所包含的技术设计、生产、财政、管理和市场诸步骤"。缪塞尔（Mueser）认为，"技术创新是以其构思新颖性和成功实现为特征的有意义的非连续性的实践。"

关于技术创新模式，按照技术创新的性质，可分为渐进创新、基本创新、技术体系的变革和技术—经济范式的变革四种类型。渐进创新（incremental innovation）是指建立在现有技术、生产能力基础之上和满足现有市场和顾客需求的一种改进性创新。基本创新（radical innovation）是指企业首次引入的、能对经济发展产生重大影响的创新。技术体系的变革（change of technology system）是一种影响深远的技术变革，它的成功将会影响到一个或几个经济领域，创造全新的部门。技术—经济范式的变革（change of tech-economic paradigm），亦称技术革命。"技术—经济范式"描述技术—经济领域所形成的观念、技术原理、规则和习惯等。

2.1.2 技术变迁

技术变迁更多体现出了一种系统和演化的观点。关于技术变迁本身，学界缺乏统一的概念界定。

技术变迁的经济学解释可追溯到熊彼特提出的新技术市场渗透的三阶段理论。第一阶段是科技产品或过程的发明阶段。熊彼特对创新和发明进行了区分。发明有专利技术和产品模型。一方面，专利技术或者产品模型并不必然会进入第二阶段，即技术创新阶段。只有新产品或者过程被商业化时，发明才能进入创新阶段。另一方面，企业没有发明也能够进行创新。如果企业获得了一种技术思想，但这一技术思想以前并没有被商业化，现在该企业把基于这种思想的产品或者过程带入市场，那么该企业就进行了创新。也就是说，尽管多数创新都可以追溯至某个发明，但创新并非一定源自发明，发明也并非必然引起创新。发明和创新阶段主要是在私人部门通过研发（R&D）过程完成。第三个阶段是技术扩散。技术扩散是指一项成功的创新慢慢地被企业或者个人吸收并广泛地运用于各种场合。新技术累计的经济和环境影响来自上述技术变迁的三个阶段。1950 年，熊彼特又提出了"创造性破坏"的概念，即新的、更加先进的技术会取代老的、劣等的技术。"创造性破坏"会对已有的产业结构造成彻底破坏。熊彼特将这种破坏看作是资本主义发展的基础动力。

巴萨拉（Basalla，1988）用生物界的进化过程形容技术变迁。他们指出，技术变迁类似于生物界的遗传、变异、选择的进化过程，是新技术对旧技术的继承和发展。英国学者约翰·齐曼（John Ziman，2003）认为，技术变迁是由大量的以非线性关系联结的模块组成，具有快速演化的特征。技术变迁是在企业发展的过程中形成的是一种复杂的系统，在企业生产领域、组织、管理等层次发挥着重要作用。

A-U 模型是研究技术变迁的经典理论。詹姆斯·厄特巴克和威廉·艾伯纳西（James Utterback & William Abernathy，1978）发现，在技术变迁的过程中，长时间的技术缓慢变化会被短时间内的技术突变打断，存在着"间断均衡"。因此，他们将技术变迁定义为具有间断特征的、技术进步的循环过程。在此基础上，厄特巴克和艾伯纳西提出了 A-U 模型，将技术变迁过程划分为流动阶段、过渡阶段和明确阶段。厄特巴克和艾伯纳西指出，技术变迁从进入过渡阶段开始，过程创新活动就会超过产品创新活动，当技术创新发展到明确阶段后，产品创新活动和过程创新活动也将减少。A-U 模型将技术变迁看作是一个单向循环，随着技术的进步，工艺创新越来越多地涌现，产品创新则会越发减少，最终达到一个"生产力危机"的状态。随后的许多研究者也得出同样的结论，即技术变迁是一个循环的过程。成熟度的递减会使一个产业"倒退"，即从一个稳定的状态发展到一个不稳定的状态。

技术变迁生命周期理论也是研究技术变迁的经典理论之一。奥布莱恩（O'Brien，1962）最早提出了技术生命周期理论，把技术发展变化分成以下四个阶段：萌芽期、成长期、成熟期和衰退期。

理查德·福斯特（Richard Foster，1988）在奥布莱恩技术生命周期理论的基础上用一系列 S 曲线描述了技术变迁的过程。他指出，技术变迁是一个循环的过程，技术 S 曲线成对出现，两个技术 S 曲线的间距就是技术变迁的不连续性。一个产业通过一系列的技术 S 曲线循环发展，每一个循环的起点是技术间断，这种间断是突破性的创新，能够推动产业中代表性的技术发展到一个新的等级。技术 S 曲线对于企业的价值正是在于提醒企业核心技术转换的时机。福特和瑞安（Ford & Ryan，1981）根据技术被应用于生产的程度将技术生命周期分为六个阶段：技术开发期、技术应用期、应用上市期、应用成长期、技术成熟期和技术衰退期。

安德森和图什曼（Anderson & Tushman，1990）在 A-U 模型、S 曲线理论的基础上提出技术间断均衡理论。该理论认为，技术缓慢的长时间的变化会被技术间断所打破，这种突变性的技术间断将重新界定产业中的主导设计。每个技术间断都开创了一个新的技术循环，技术间断促使了动乱期的开始。所谓动乱期，一是新技术取代旧技术，二是出现许多设计的竞争。主导设计的出现标志着动乱期的结束和持续递增改善时期的开始，即对主导设计持续微小改进，直到出现新的技术间断，从而开始一个新的技术循环。

2.1.3 劳动力和劳动力市场

马克思在资本论中提出，把劳动力理解为活的人体中存在的，每当人生产某种使用价值时就运用的体力和智力的总和。由于劳动力不能脱离人体而存在，故人们也把具有劳动能力的人称为劳动力。

劳动经济学给出劳动力的定义是，在一定年龄之内，具有劳动能力与就业要求，能从事某种职业劳动的全部人口。

"一定年龄"蕴含着劳动力首先必须是劳动适龄人口。劳动适龄人口指人口中处于劳动年龄的那一部分人口。劳动适龄人口的劳动年龄的下限是指16 岁以上。劳动适龄人口的劳动年龄的上限是依据法定退休年龄，即男性60 岁，女性干部 55 岁，女性工人 50 岁。鉴于经济社会的发展带来的劳动力市场更发达和人们平均寿命的延长，我国从 1994 年开始劳动力不再设劳动年龄的上限。目前仅设有劳动适龄人口的下限，即 16 岁。

不同国家劳动适龄人口的下限不同。比如美国是 16 岁，日本和英国是 15 岁。热带地区国家劳动适龄人口的下限更早一些，比如菲律宾规定是 10 岁。

在我国，16 岁以上的人口中包括劳动力和非劳动力。劳动力中包括就业者和失业者。所谓就业者即从事社会经济活动，并取得劳动报酬；所谓失业者即在一定年龄之内，具有劳动能力，无业，但正在寻找工作。

劳动力市场是通过劳动力供给与劳动力需求的运动，实现劳动力资源配置的机制和形式。

劳动力一生中与劳动力市场的关系不断变化。劳动力的身份在劳动力和非劳动力、就业者和失业者之间进行变换。变动的原因可能是因为劳动力自身条件的变化，也可能是劳动力市场中工作岗位不断被调整的缘故。

2.2　理论基础

2.2.1　"机器大生产"理论

马克思在《资本论》等经典著作中深入系统地阐述了机器的产生及其在社会生产过程中所扮演的重要角色，形成了一系列重要思想。马克思认为，19 世纪的英国工业革命推动了以机器为主导的机械化生产方式的形成，这促进了资本主义生产的持续高速增长，但也加剧了资本对劳动的剥削并引发了生产方式的革命。

马克思认为机器大生产推动资本主义飞速发展，但导致了工人收入的停滞不前。机器大生产是资本主义大生产进入成熟阶段的标志，体现了社会生产力的巨大跨越，使得资本主义创造出了前所未有的生产力。然而，由于机器服务于资本并从属于资本家，机器大生产带来的高增长与高收益只是流向了资本家，劳动者的实际工资长时间停滞不前甚至不断下降。"机器就其本身来说缩短劳动时间，而它的资本主义应用延长工作日；机器本身减轻劳动，而它的资本主义应用提高劳动强度；机器本身是人对自然力的胜利，而它的资本主义应用使人受自然力奴役；机器本身增加生产者的财富，而它的资本主义应用使生产者变成需要救济的贫民。"①

机器大生产带来了"机器对工人的排斥"并促进了工人对机器的全面依赖。机器大生产带来了资本主义劳动过程的深刻变化。机器代替人力，因而可以脱离人力的运转体系，突破人的自然限制与生理限制。机器的广泛应用使得劳动过程分解细化且每个环节所需要的劳动技能日趋简化，每个环节的任务就变成了男女老少都能从事的简单劳动，传统工人日积月累的经验技巧不再重要。于是，工人的传统技能不断贬值，劳动力价值不断贬值，包括童工、女工等家庭全体成员均进入劳动力市场才能维持基本生存；工人的劳动时间不断延长，在资本攫取剩余价值的本性驱动下，"机器消灭了工作日的一切道德界限和自然界限"；机器对劳动力的替代不断蔓延，机器大生产创造了大批失业者，也为资本主义生产提供了充足的产业后备军。机器大生产也促进了工人对机器的全面依赖。其一，机器大生产一方面按照现代工艺流程将产品生产过程分解为紧密相联的工序与环节，工人劳动只能完成生产过程的某个环节，另一方面又要求不同工序之间能够彼此配合且相互协同，在局部环节劳动的雇佣工人就必须服从于机器运转，他们作为机器的"组成部分"嵌入机器体系之中。其二，机器大生产导致了劳动过程与工人劳动技能的分离，工人的特殊技巧就失去了任何价值，因而打破了传统手工工场中劳动技能的师徒传承与不断累积。在这样的背景下，资本主义生产不再

---

① 马克思恩格斯全集：第 23 卷 [M]. 北京：人民出版社，1972：480.

依赖工人的传统技能，弱化了资本家对工人的依赖；但由于工人的劳动技能在机器大生产过程中被逐步肢解为程序性的机械操作，这种"去技能化"进一步加深了工人对机器的依赖。

马克思的机器大生产理论对于理解工业革命具有重要的意义。这一理论强调了机器对劳动过程和生产方式的革命性影响，同时也揭示了人机关系的对立和资本对劳动的剥削问题。

2.2.2 "人的全面发展"理论

马克思在《青年在选择职业时的考虑》一文中指出："在选择职业时，我们应该遵循的主要指针是人类的幸福和我们自身的完美。"即应依据社会需求及个人发展潜能来选择职业。马克思在《德谟克利特的自然哲学和伊壁鸠鲁的自然哲学的差别》一文中，首次对人的自由问题进行了探讨，他把自由作为人的本性，从哲学角度，利用原子运动的偶然性和随机性来证明人应该打破枷锁，实现自由。在《1844 年经济学哲学手稿》中，马克思提出了异化劳动理论。马克思认为，私有制的存在造成了劳动异化，而劳动异化，从本质上说就是人的异化。要想消除人的异化，必须从根源着手，消灭私有制，实现共产主义，完成主体解放，从而实现人的全面发展。马克思在《关于费尔巴哈的提纲》一书中从人的社会性角度重新界定了人的本质。"人的本质不是单个人所固有的抽象性，在其现实性上，它是一切社会关系的总和。"[①] 马克思认为，社会属性是人的重要标签，人会受各种社会实践和社会关系的影响，因此表现为人的本质存在差异。在《德意志意识形态》一书中，马克思对人的全面发展问题做了深入论述。他明确了人的全面发展以人的生理存在为基础和前提，并提出只有在人类进入共产主义之时，人格尊严及个性化的发展才会变为现实。最后，马克思提及了"完整的人"的概念。至此，马克思人的全面发展理论形成。

---

① 马克思恩格斯选集：第 1 卷 ［M］. 北京：人民出版社，1995：56.

马克思认为，人的全面发展是与人的片面发展相对而言的，是精神和身体、个体性和社会性得到普遍、充分而自由发展的人。同时，马克思强调人不仅是自然产物，也是社会产物；是社会关系的主体，也是社会关系的客体。在马克思看来，"人的全面发展"蕴含着一般性和特殊性的统一，这种双重意蕴不是单一的、抽象的，而是辩证的、唯物的。

马克思曾说："要不是每一个人都得到解放，社会本身也不能得到解放。"[①] 在古代社会，普通个体毫无独立存在的自由，依附大于独立。真正独立的个体出现，这是封建社会开始瓦解的一个重要标志。马克思肯定了资本主义社会在促进人的发展方面的贡献，但他也指出，虚伪的联合体才是资本主义社会的实质。在这一联合体中，只有占统治地位的成员才真正享有更多发展的自由与空间，其他成员是被排除在外的。马克思主张每一个人都有实现发展的权利，厌恶少数人对自由发展享有特权，认为每一个个体都应该能自由地发展自我，享有在政治、法律及社会生活中的平等地位。另外，马克思还认为，生产力发展的最终目的是实现人从劳动中的解放和全面发展。

2.2.3 技术—经济范式理论

"范式"一词最初由美国科学哲学家托马斯·库恩（Thomas Kuhn）于1970年提出，他在《科学革命的结构》（*The Structure of Scientific Revolutions*）中对"范式"进行了系统阐述。他认为范式是某一研究领域科学工作者组成的有形或无形的学派所广泛接受、使用并作为思想交流的共同概念体系和分析方法（托马斯·库恩，2003）。从本质上说，范式是科学理论研究的内在规律及其演进方式，而范式的转变就是在环境发生重大变化时一种全新的看待问题的方式与解决问题的方法（卢兰万，2014）。此后，多西（Giovanni Dosi）将"范式"概念引入技术创新领域（多西等，1992）。在此基础上，克里斯托弗·弗里曼和卡洛塔·佩雷斯（Christopher Freeman &

---

① 马克思恩格斯全集：第 20 卷 ［M］. 北京：人民出版社，1971：318.

Carlota Perez）使用"技术—经济范式"来描述一定类型的技术进步通过经济系统影响产业发展和企业行为的过程（克里斯·弗里罗和弗朗西斯克·卢桑，2007）。

弗里曼用五次技术—经济范式的重大变迁来划分第一次工业革命以来的社会发展。一方面，技术进步通过促进产业结构由农业、手工业向轻工业、重工业，以及后来的信息技术产业倾斜，导致劳动力的就业总量和产业就业结构随之改变；另一方面，技术进步通过改变企业内部的组织形式和劳动分工，从而影响劳动力的技能结构和偏向。从 18 世纪 70 年代到 19 世纪 80 年代，以水力机械化和蒸汽动力为基础的技术革命相继出现。在这一时期，劳动力由传统的农业、手工业向轻工业大量转移，劳动力技能也开始向机械操作、专业化生产操作倾斜。19 世纪末到 20 世纪 40 年代，钢铁、电力和重型机械制造等方面的技术革新催生了一批大型企业，这导致轻工业就业减少，重工业就业增加，而工业整体就业比重持续增长。同时，受泰勒主义的影响，这类大型企业要求进行管理革新，实现规范化管理。因此，职业经理人这一岗位应运而生，管理岗位就业总量在现阶段有明显增长。从 20 世纪 40 年代到 20 世纪末期，进行了以机械自动化和流水线生产为标志的技术革新，原来的很多人工作业被机械所替代，生产过程中所需要的劳动力数量急剧减少，导致了一线生产劳动力的失业问题明显加剧，随着分层管理的深入推广应用，管理岗位就业则继续增加。另外，在现阶段，第三产业迅速发展，创造了大量的服务类岗位，工业就业向服务业就业转移。从 20 世纪末至今，随着信息技术和通信技术的普及应用，传统制造业就业减少，信息技术产业就业增加。另外由于信息技术企业的特殊属性，企业层级管理不明显，企业结构更加偏向扁平化，因此传统的管理类就业数量也相应减少。

技术—经济范式变迁的过程并不是一蹴而就的，当技术进步迅速席卷市场的情况下，与旧范式相匹配的各项制度无法与技术同步完成革新，这就导致在技术—经济范式变迁的过程当中会产生一个失调时期，直到各项制度顺应技术进步完成一系列变革，与技术水平相匹配之后，新的技术—经济范式开始正式发挥作用。在失调时期，经济相应进入衰退阶段，企业利润缩减，因此在劳动力雇佣方面的投入也会减少，导致失业水平提高，而且由于新兴产业仍受制于制度的落后，发展程度不够，尚无法提供有效的就业补偿。这一现象在创新与经济周期理论当中也有涉及，但是不同的是，熊彼特认为基于上述原因所导致的失业问题是无法避免的，而技术—经济范式理论却认为这种失业危机是由于技术与制度短时期内的不匹配所导致的，待社会制度以及各项基础设施建设与技术进步相适应之后，新的技术—经济范式就会促进就业增加。为降低失调时期对于经济和就业的影响，弗里曼提出了一些政策建议，包括鼓励基础技术的创新以及创新结果的推广与应用；大力引进国外先进技术，在充分学习、内化的基础上实现再创新；制定政策推动产业结构调整升级，转变经济发展方式；大力发展教育培训以提高劳动力再就业能力，降低失业率等。

技术—经济范式理论不是仅仅局限在技术创新的角度，而是同时将社会制度、社会政策、企业制度、劳动力培训等要素纳入考量范围，形成一个创新系统。并且提出经济衰退时期的失业不能归咎于技术进步，而是由于旧有制度与新的技术—经济范式不匹配所导致的，而且也并非无法改变，只需要采取相应措施变革各项制度，促进制度与技术的加速融合，缩短失调时期，便能够减轻失业危机。

第 3 章　人工智能的本质特点
与现实发展

　　人工智能已经渗透到我们的经济生活中，对人工智能的深入了解能够帮助我们在经济和政治市场中做出有益的选择。对人工智能的本质特点与现实发展的探讨对于本书的后续研究至关重要。

3.1　人工智能的定义与发展

3.1.1　人工智能的概念界定

　　人工智能概念是 1956 年在美国达特茅斯学术研讨会正式提出的，此次会次也被广泛认为是人工智能诞生的标志性历史时刻。此次会议的召集人，麻省理工学院的约翰·麦卡锡（John McCarthy）认为，人工智能就是要让机器的行为看起来就像人所表现出的智能行为一样。他后来将人工智能进一步定义为，制造智能机器（特别是智能计算机程序）的科学和工程，它与使用计算机来理解人类智能的类似任务有关，但人工智能不必局限于生物学上可以观察到的方法。

　　美国学者斯图尔特·罗素和彼得·诺维格（Stuart Russell & Peter Norvig）编著的教材《人工智能——一种现代方法》被公认为是最权威、最经典的人工智能教材，已被全世界 100 多个国家的 1200 多所大学使用。该教材将人工智能划分为四类：像人一样行动；像人一样思考；理性的思考；理性的行动。"理性"是指依据所掌握的知识和法则进行各种活动的意志和能力，"行动"应广义地理解为采取行动或制定行动的决策。

根据人工智能的发展程度，人工智能可以分为弱人工智能、强人工智能和超级人工智能。弱人工智能（Aritificial Narrow Intelligence，ANI）也称狭义人工智能。其特点是仅具备某种认知能力，无法推广至其他认知能力。弱人工智能只专注于完成某个特定的任务，擅长单个方面，只是用于解决特定的具体的任务、问题而存在，属于"工具"的范畴，如语音识别、翻译等。强人工智能也称通用人工智能（Artificial General Intelligence，AGI），是指具有人类认知水平的人工智能。其特点是具备所有的人类认知能力，而且可以由同一智能系统执行不同的认知功能。强人工智能在各方面都能和人类比肩，人类能胜任的脑力活动它都能够胜任。强人工智能能够进行思考、计划、解决问题、抽象思维、理解复杂理念、快速学习和从经验中学习，并且和人类一样得心应手。强人工智能具备了"人格"的基本条件，可以像人类一样独立思考和决策。超级人工智能（Artificial Super Intelligence，ASI）的特点，一是在所有领域都超过人类；二是在所有的认知效率方面都超过人类。超级人工智能在几乎所有领域都比最聪明的人类大脑都聪明很多，包括科学创新、通识和社交技能等。

当前，弱人工智能在特定领域、既定规则中，表现出强大的智能，比如 AlphaGo 下棋、Windows 操作系统中的语音助手 Siri 使用人类语言与我们简单对话。强人工智能不受领域、规则限制，具有跟人类一样的创造力和想象力，目前还没有出现。超级人工智能离我们很遥远。因此，当前我们所说的"人工智能"一般指的是弱人工智能。

一旦人工智能拥有了与人一样的处理一般性问题的能力，它就成为"强人工智能"。而一旦人工智能对问题的处理能力超过了人类，它就成为"超级人工智能"。一般来说，"弱人工智能"仍然只是帮助人们工作的工具，人们只需要用过去对待工具的观点来加以对待就行了。但一旦"强人工智能"甚至"超级人工智能"出现，情况就会有很大不同。"强人工智能"和"超级人工智能"究竟会不会出现，何时出现，如何应对？社会各界展开了激烈的争论。根据观点的不同，争论的参与者大体可以被分为四类。

（1）卢德主义者（Luddites）。他们认为人工智能可能会在较短时期内超越人类，而这将会给人们造成巨大的灾难。为了防止这种灾难，人们应该禁止人工智能相关的研究。

（2）数字乌托邦主义者（Digital Utopians）。他们认为人工智能将在较短时期内超越人类，而这将会给人们带来巨大的福祉，因此必须大力加强人工智能研究。"奇点"概念的提出者——未来学家雷·库兹维尔（Ray Kurzweil）、谷歌的创始人拉里·佩奇（Larry Page）和谢尔盖·布林（Sergey Brin），都是数字乌托邦主义的代表人物。

（3）技术怀疑论者（Techno-Skeptics）。他们认为人工智能根本不可能在短期内超越人类，因此去考虑如何应对由此产生的问题无异于杞人忧天。百度的前首席科学家吴恩达就是技术怀疑论的代表，他说："担心杀人机器人的崛起，就好像担心火星人口过剩一样！"

（4）持有"有益的人工智能运动"（Beneficial AI Movement）观点的人。持这种观点的人既不像卢德主义者那样焦虑，也不像数字乌托邦主义者那样乐观，更不像技术怀疑论者那样认为"奇点"遥不可及。在他们看来，随着技术的进步，根据现有的技术趋势，"强人工智能"和"超级人工智能"的出现已经在所难免，在较短的时间内它们就可能出现在我们面前。对于人工智能的排斥和抗拒既无济于事，也毫无必要——这就好像原始人类对火进行抗拒一样。相比之下，在人工智能超越人类之前未雨绸缪，对可能发生的各种问题提前做好预案，让人工智能更好地为人类服务应该是更为可取的。包括比尔·盖茨（Bill Gates）、斯蒂芬·霍金（Stephen Hawking）、埃隆·马斯克（Elon Musk）在内的众多名人都倾向于"有益的人工智能运动"的观点。

在《生命3.0》中，麻省理工学院的物理学教授迈克斯·泰格马克

（Max Tegmark）对人工智能的影响进行了深入分析，对人类与人工智能共处的方式进行了深入思考。

3.1.2 人工智能的发展历程

人工智能经过 60 多年的发展，到目前为止历经了以下三个阶段。

（1）符号推理阶段。人们认为逻辑推理能力是智能的首要表现，这一阶段代表性工作之一是艾伦·纽维尔（Allen Newell），赫伯特·西蒙（Herbert Simon）和克利夫·肖（Cliff Shaw）所编写的"逻辑理论家"（Logic Theorist）程序。这是第一个刻意模仿人类解决问题技能的程序，被称为"史上首个人工智能程序"。该程序于 1963 年证明了英国哲学家伯特兰·罗素（Bertrand Russell）及其老师怀特海（Alfred North Whitehead）的名著《数学原理》书中全部 52 条定理。艾伦·纽维尔和赫伯特·西蒙获得了 1975 年的图灵奖。

（2）知识工程阶段。20 世纪 70 年代中期，人们认识到要实现人工智能仅有逻辑推理能力是不够的。费根鲍姆（Feigenbaum）等认为还必须设法使机器拥有知识。因此许多专家系统应运而生。专家系统是一类具有专门知识和经验的计算机智能程序系统，一般采用人工智能中的知识表示和知识推理技术来模拟通常由领域专家才能解决的复杂问题。专家系统里的知识由本领域内的专家给出。专家系统在很多应用领域取得了大量成果，并且首次实现了人工智能系统的商用。费根鲍姆被称为"知识工程"之父并获得了 1994 年的图灵奖。

（3）机器学习阶段。随着专家系统项目的展开，研究人员遇到了一个主要问题，即一个系统要做任何有用的事情，都需要编码太多的规则、知识，这需要大量的人力、物力。也就是说，由人来把知识总结出来再教给计算机非常困难。机器学习回答了这个问题。使用机器学习的方法能让机器从一堆数据中自动提取这些知识。因此，在 20 世纪 90 年代中后期人工智能研究的重心转向机器学习。从那时起基于机器学习范式的人工智能研究一直延续至今。2006 年兴起的深度学习技术更是促进了近期人工智能研究的长足进步。

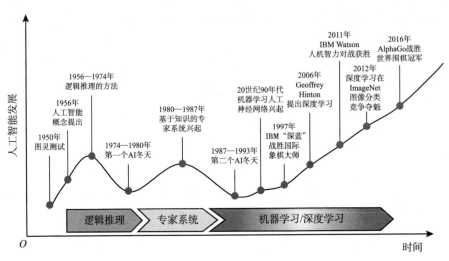

图 3 - 1　人工智能的发展

3.1.3　人工智能的三个学派

人工智能的发展过程中，先后出现了以下三个学派。

（1）符号主义（symbolicism）学派，又称逻辑主义、心理学派或计算机学派，其原理主要为物理符号系统（即符号操作系统）假设和有限合理性原理。符号主义认为实现人工智能必须用逻辑和符号系统。定理证明、专家系统以及我国第一届国家科学奖获得者吴文俊先生用计算机证明几何定理的方法都属于符号主义学派。

（2）连接主义（connectionism）学派，又称仿生学派或生理学派，其主要原理为神经网络及神经网络间的连接机制与学习算法。连接主义认为知识存在于相互连接之中，主张模仿人类的神经元，用神经网络的连接机制实现人工智能。人工神经网络、深度学习都属于连接主义学派。

（3）行为主义（actionism）学派，又称进化主义或控制论学派，其原理为控制论及感知—动作型控制系统。行为主义认为智能行为就是通过与环境交互感知结果做出相应行为。基于控制论的"感知—动作"模式，行为主义希望能够通过模拟生物的进化机制，使机器获得自适应能力。代表系统为麻省理工学院教授布鲁克斯（Brooks）的六足行走机器人，它是一个基于感知—动作模式模拟昆虫行为的控制系统。

三个学派在人工智能的发展过程中此消彼长，当前都得到了发展和延续。知识图谱①是符号主义延伸，深度学习是连接主义的复兴，行为主义在机器人控制领域也一直起着重要作用。

3.1.4 人工智能与机器学习、深度学习的关系

机器学习是人工智能的一部分，也是实现人工智能的手段，深度学习是机器学习的一种具体形式。当前人工智能在很多领域取得进展，主要是源于深度学习的突破。人工智能、机器学习和深度学习之间的关系如图 3 - 2 所示。

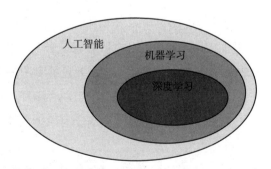

图 3 - 2　人工智能与机器学习、深度学习的关系

---

① 知识图谱用可视化技术描述知识资源及其载体，挖掘、分析、构建、绘制和显示知识及它们之间的相互联系；旨在描述真实世界中存在的各种实体或概念及其关系，其构成一张巨大的语义网络图，节点表示实体或概念，边则由属性或关系构成。

1. 机器学习

学术界对机器学习的定义并不统一。常见机器学习的定义有以下几种。

机器学习是专门研究计算机怎样模拟或实现人类的学习行为，以获取新的知识或技能，重新组织已有的知识结构使之不断改善自身的性能。它是人工智能的核心，是使计算机具有智能的根本途径，其应用遍及人工智能的各个领域。

周志华在《机器学习》中指出，机器学习是致力于研究如何通过计算的手段，利用经验来改善系统自身的性能。机器学习所研究的主要内容是"学习算法"，这是一种在计算机上从数据中产生"模型"的算法（周志华，2016）。

美国学者米歇尔（Mitchell，2008）在《机器学习》中提出了关于机器学习的一个形式化的定义。假设用 P 来评估计算机程序在某任务 T 上的性能，若一个程序通过利用经验 E 在 T 任务中获得了性能改善，则我们就说关于 T 和 P，该程序对 E 进行了学习。

综上可知，机器学习最基本的做法，是使用算法来解析数据、从中学习，然后对真实世界中的事件作出决策和预测。与传统的为解决特定任务、硬编码的软件程序不同，机器学习是用大量的数据来"训练"，通过各种算法从数据中学习、获取知识从而完成任务。因此机器学习主要是从数据中学习知识，从而对未来进行预测，或者从数据中识别可解释的模式，帮助我们进行科学研究工作：证实假设、阐述解释、形成因果理论等。

机器学习一般可以分为三大类。

（1）监督学习。使用带标签的数据，用标签作为教师信号指导机器进行学习。如学习如何进行分类。

（2）非监督学习。使用不带标签的数据，通过学习提取数据中的模式。如学习根据数据本身的特点，聚成不同的类。

（3）强化学习。机器生活在一个环境中，并能够以特征向量的形式感知环境的状态。机器可以在任何状态下执行动作。不同的行为会带来不同的回报，也会将机器移动到环境的另一种状态。强化学习的目标是学习策略以最大化长期累积回报。策略是一种函数，它将状态的特征向量作为输入，并输出在该状态下执行的最优动作。比如学习如何在游戏中获胜。

传统的机器学习方法有线性回归、逻辑回归、决策树、支持向量机、多层感知机、K 均值聚类、Q 学习、随机森林、梯度提升等。这些算法在机器学习开源库 scikit-learn[①] 中都能找到实现。

2. 深度学习

深度学习是人工智能中连接主义在 21 世纪的再次复兴（Goodfellow et al.，2016）。连接主义采用被称为神经节点的简化模型模拟人类的神经元活动，然后利用神经节点相互连接构成人工神经网络（Artificial Neural Network，ANN），通过改变神经节点之间的连接权重进行学习，以逼近任意真实模型。多层感知机、Hopfield 网络、卷积神经网络（Convolutional Neural Network，CNN）、长短时记忆网络（Long Short-Term Memory，LSTM）、递归神经网络（Recursive Neural Network，RNN）等都是人工神经网络的不同结构。人工神经网络的训练均采用反向传播算法（Back Propagation，BP）更新权重参数，从而得到优化后的模型，然后再利用学习到的模型完成指定的任务。

深度学习，狭义地讲就是"深层"的神经网络（Deep Neural Network，DNN）。深度学习利用深层的神经网络，将模型处理得更为复杂，从而使得模型对数据的理解更加深入。许多测试和竞赛上，尤其在图像、声音和文本等复杂对象的应用中，深度学习都表现出了优越的性能。

深度学习的兴起，源于 2006 年加拿大多伦多大学教授杰弗里·辛顿（Geoffrey Hinton）和他的学生鲁斯兰·萨尔哈迪诺夫（Ruslan Salakhutdinov）在顶尖学术刊物《科学》上发表的一篇文章[②]，该文章提出了一种有

---

① https：//scikit-learn. org/stable/index. html.
② Hinton G E, Salakhutdinov R R. Reducing the dimensionality of data with neural networks ［J］. *Science*，2006，313（5786）：504－507.

效训练深层网络的方法，即先用无监督预训练对权值进行初始化，然后再用有监督训练微调（Hinton & Salakhutdinov，2006）。辛顿和他的学生亚历克斯·克里热夫斯基（Alex Krizhevsky）以及伊利亚·莎士科尔（Ilya Sutskever）通过改进了卷积神经网络，并在 2012 年的 ImageNet 评测上将图像识别 top 5 错误率从 26% 降低到 15%，取得了很好的成绩，从而掀起了深度学习的热潮。2016 年深度思维公司的 AlphaGo 也是深度学习与强化学习的结合。短短几年，深度学习颠覆了语音识别、图像分类、文本理解等众多领域的算法设计思路，渐渐形成了一种从训练数据出发，经过一个端到端的模型，然后直接输出得到最终结果的一种新模式。在很多人工智能问题上，深度学习的方法突破了传统机器学习方法的瓶颈，推动了人工智能领域的快速发展。2019 年，深度学习领域的三位领军人物：加拿大多伦多大学教授杰弗里·辛顿、加拿大蒙特利尔大学教授约书亚·本吉奥（Yoshua Bengio）、纽约大学教授兼 Facebook 首席人工智能科学家杨立昆（Yann LeCun），荣获了有"计算领域的诺贝尔奖"美誉的图灵奖。

深度学习的成功来源于大数据、强有力的计算能力，以及学习算法的提高。深度学习模型有大量的参数，想要学习到有用的规则和知识，则需要大量的数据样本；如此复杂的模型，如此大量的数据样本，就需要强有力的计算能力。正因为我们进入了大数据时代，数据量和计算设备的计算能力都有了长足发展，再加上我们在神经网络结构和优化算法上的改进，才使得深度学习取得了巨大的成功。

常用的开源深度学习平台，有 Google 的 Tensorflow、Facebook 的Pytorch、Amazon 使用的 MxNet、百度的 PaddlePaddle 等。

当前以深度学习为中心的人工智能技术巨大的应用潜力和市场前景激发了全世界科研工作者的研究热情，并吸引了大量资金投入到人工智能研发领域，从而促进了人工智能技术迅速发展。2019 年 1 月 31 日联合国下属的世界知识产权组织（World Intellectual Property Organization，WIPO）公布了一份研究报告①，显示在全球人工智能领域的竞争中，中国和美国处于领先地位。中国具有巨大的用户基数，积累了海量数据，在人脸识别、语音识别、文字识别等应用场景驱动的研究中已走在世界前列，但在人工智能基础研究、原创性研究方面与美国还存在不少差距。

3.2 人工智能的本质与特点

3.2.1 人工智能的本质

人工智能的本质②是生产和运用知识完成任务的通用能力。人工智能系统以及任何智能系统都具有三位一体的内在结构，如图 3 - 3 所示。但人工智能是一种新的计算形式，其与人类智能系统的不同之处在于表达基础不同。人类智能系统的表达基础是细胞，属于生物活动；人工智能系统的表达基础是分布式向量，核心是可以从大量数据中快速获取知识。

图 3 - 3 智能系统的内在结构

人类社会近 300 年的巨变，是由于"通用目的技术"的发明，如蒸汽

---

① WIPO. *WIPO technology trends* 2019：*Artificial intelligence* ［R］. Geneva：World Intellectual Property Organization，2019.

② 陆奇．从历史进程看 AI 本质与创业创新的浪潮（N/OL）. （2019 - 05 - 18）［2022 - 04 - 01］. https：//www. huxiu. com/article/300877. html.

机、电力、计算机和互联网等。以蒸汽机为代表的第一次技术革命，通过机械化增强体力；以电力为代表的第二次技术革命，通过电气与自动化提高效率；以计算机和互联网为代表的第三次技术革命，通过信息化提升感知能力；以人工智能为核心驱动力的第四次技术革命，通过智能化提升认知能力和自主行为能力。在工业革命时代，通过思考制造机器，在人工智能时代，制造会思考的机器。人工智能对未来的改变，是对我们一点一滴地形成知识的过程本身的自动化。

人工智能是通用的，因为知识可以用在任何一个应用中，同时知识的能力也是巨大的。培根说过"知识就是力量"，有了知识就可以进行自动化，进行预测，产生新的体验。人工智能带来的是前所未有的通用的能力，从历史的经验看，这将会给社会、经济带来巨大的变化，这个变化的核心驱动力就是知识。人类历史的发展都是人的知识的增加，人有了新的能力、新的知识，进而促进社会进步。从历史的角度看，人工智能发展 60 多年的历史，是人类数字化一切的历史，而且数字化规模范围越来越大，数字化进展的速度越来越快。一旦数字化后，抽取信息的速度、获得知识的能力都将极大地提高，而且任何一个被数字化的领域，创新的速度都会不断地增加。

3.2.2　人工智能的特点

当前基于机器学习与深度学习的人工智能还属于弱人工智能，但已展现出以下三个特点。

一是人工智能是思想、知识生产的自动化。通过学习自动生产知识。未来人工智能甚至不需要人的辅助就可以独立生产出思想产品，实现思想产品的自动化。因此，人工智能将在脑力劳动上大规模替代人类。阿吉翁等（Aghion et al.，2018）从人工智能对产品和服务的自动化的研究视角转向了人工智能对于创新本身的自动化。这意味一旦人工智能实现了创新思维的自动化，能够替代研究人员产生新的创新性的想法，人工智能将彻底取代人类。阿吉翁将新思想视作一种产品，它的生产过程可以描述成由一系列任务组成，其中部分任务可以通过人工智能技术实现自动化。除了阿吉翁等，伊恩·科伯恩等（Iain Cockburn et al.，2018）也提出人工智能技术或许是创新自动化的开端。假设存在必要的数据输入，学习的自动化将促进自动化过程中新想法和见解的产生。

二是人工智能算法具有非竞争性。人工智能算法可以无成本地复制，很快扩展到各个应用领域。人工智能是建立在算法革命的基础之上，算法的非竞争性是人工智能推动的第四次技术革命与其他技术革新不同的另一个经济特征。"非竞争性"最初是萨缪尔森对"公共物品"定义时使用的经济术语。他认为，公共物品具有非竞争性，具体体现为一个消费者对某一商品的消费并不影响他人对该商品的消费，也就是说新增消费的边际成本为零。因而"非竞争性"强调"使用上的共享"。由于人工智能算法的非竞争性，所以人工智能技术可以大规模低成本甚至无成本复制，很快扩展到各个应用领域，未来全球市场竞争或许将进入"赢者通吃"的状态。所以人工智能对劳动力市场的影响将是前所未有的迅速和广泛。

三是人工智能是一种"通用目的技术"（General Purpose Technology，GPT）。知识就是力量，人类社会的发展都是知识的积累，因此，人工智能能够大规模替代人的脑力劳动。当前机器学习感知和认知系统可以适用于多个部门和领域，它的应用范围相当广泛。伊恩·科伯恩等（2018）通过查阅大量的人工智能的文献和专利数据，着重研究了三种人工智能技术（机器人、符号系统和深度学习）的发展和传播情况。他们认为，机器人相对局限于有限的特定制造任务中，需要重新编译才能适用其他的任务，因而机器人呈现出相对较弱的 GPT 特性。针对人工智能的符号系统的研究有些停滞，也并没有产生广泛的应用。相比之下，关于机器学习系统的研究在 2009 年以来取得了快速的增长，其中增长最快的是多个部门领域中深度学习系统的广泛应用，这体现了机器学习系统的 GPT 的本质特征。

人工智能给我们带来两个重大的改变（Bertin Martens & Songül Tolan，2018）。一是软件变成能够记忆、归纳、会学习的智能系统。在信息技术时代，软件按人类的要求工作；在人工智能时代，机器可以像人一样自主学习，自主发明知识。二是从人创造知识到人与机器共同创造知识。人工智能对人类意义非常重大，人类第一次有能力建立这样的体系；人工智能在人类历史时间节点上也非常重要，因为人工智能的出现，从现在开始，人和人建立的机器系统共同发明知识。

人工智能时代，数字化的本质开始发生变化，范围可以扩展到几乎物理世界上的所有地方。人工智能通过感知、思考、行为体系，将物理世界和数字化的世界彻底融合在一起了。数字化让我们获得知识的速度、创新的能力都获得了极大的提高，整个社会和经济越来越是知识驱动前进。机器一旦能大规模发明知识，所有科技、社会、经济领域都将被重新定义。

3.3　当前人工智能的关键技术和主要领域

3.3.1　人工智能技术研究的主要领域

人工智能研究的领域主要包括基础设施层、具体技术层和应用层，如图 3-4 所示。

1. 基础设施层

最底层是基础设施层，包含数据和计算能力两部分。数据包括行业数据、传感数据等，由数据平台实现数据的采集、存储和整理。计算能力平台：云平台、终端平台为实现人工智能提供计算能力，从芯片、片上系统、终端系统、再到大规模数据中心。由于人工智能计算高密度、大数据的特点对芯片提出了新的要求，如英伟达（Nvidia）公司的 GPU、谷歌（Google）公司的 TPU，FPGA 等在人工智能的训练中被大量使用，国内的华为、寒武纪等公司也推出了相关芯片。云平台方面国内有腾讯云、京东云、百度云等。

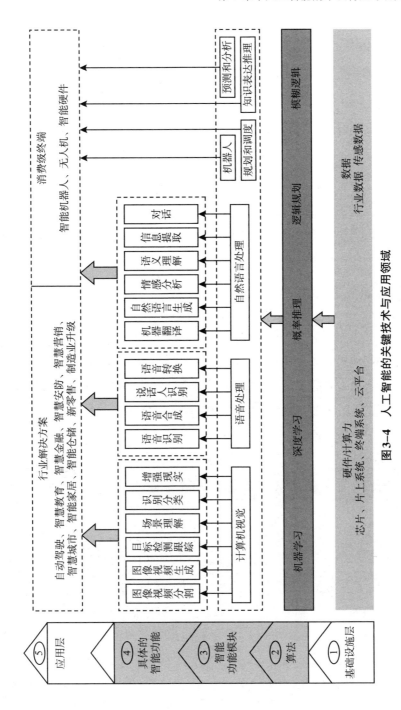

图 3-4 人工智能的关键技术与应用领域

2. 具体技术层

从底向上的第二、三、四层称为具体技术层。第二层为算法，依托一些机器学习平台如 Scikit-learn、Tensorflow、Pytorch、MxNet、PaddlePaddle 等提供传统机器学习和深度学习的算法。第三层为重要的智能功能模块，主要是依托算法实现感知、认知和行动的能力。如计算机视觉和图形学、语音工程、自然语言处理、决策支持系统、大数据分析统计系统；第四层为具体的智能功能，如图像识别、语音识别、机器翻译、虚拟现实/增强现实等。这些技术可以通过云平台提供，也可通过终端计算提供。各种具体技术组合运用，为各种应用场景的问题提供解决方法。

3. 应用层

最上层为应用层，为行业提供解决方案。针对各种应用场景，运用技术层面提供的通用技术解决各种应用场景中的问题，比如自动驾驶、智慧教育、智慧金融、智慧安防、智慧营销、智慧城市、智能家居、智能仓储、新零售、制造业升级等。同时，人工智能能够赋能消费终端，比如智能机器人、无人机、智能硬件等。

3.3.2 常见的智能技术及其应用领域

（1）图形图像视觉处理：监控、生物特征识别（人脸、虹膜、指纹等）、图像（视频）识别、图像（视频）生成如生成指定风格的图像、光学字符识别、目标检测与跟踪、虚拟现实、增强现实等。

（2）语音处理：语音识别、语音合成、实时翻译。

（3）自然语言处理：个人助手、智能客服、聊天机器人、翻译、文本处理、新闻撰写机器人等。

（4）智慧交通：在交通领域中充分运用物联网、云计算、互联网、人工智能、自动控制、移动互联网等技术，通过高新技术汇集交通信息，对交通管理、交通运输、公众出行等等交通领域全方面以及交通建设管理全过程进行管控支撑，使交通系统在区域、城市甚至更大的时空范围具备感知、互联、分析、预测、控制等能力，以充分保障交通安全、发挥交通基础设施效能、提升交通系统运行效率和管理水平，为通畅的公众出行和可持续的经济发展服务。

（5）智慧金融：智慧金融依托于互联网技术，运用大数据、人工智能、云计算等金融科技手段，使金融行业在业务流程、业务开拓和客户服务等方面得到全面的智慧提升，实现金融产品、风控、获客、服务的智慧化。

（6）智慧医疗保健：新药研发、辅助疾病诊断、健康管理、医学影像、临床决策支持、医院管理、便携设备、康复医疗和生物医学研究。

（7）机器人：仓储机器人、送货机器人、工业机器人、服务机器人、无人机、无人驾驶。

（8）商业：个性化推荐、精准营销、CTR 预估（对每次广告的点击情况作出预测）、新零售等。

3.4 人工智能的社会经济影响

近年来人工智能技术飞速发展，使得"人工智能真的来了"的感叹席卷了媒体，人工智能对社会经济的巨大影响逐步显现。

1. 人工智能创造强大的增长引擎

人工智能作为新一轮产业变革的核心驱动力将创造新的强大引擎。近年来全球人工智能技术投入和市场规模高速增长。早在 2017 年，普华永道就发布 AI 报告认为到 2030 年 AI 对全球经济贡献将高达 15.7 万亿美元，AI 带来最大经济收益的国家将是中国（到 2030 年将推动 GDP 增长 26%）和北美（14.5%），约10.7万亿美元。① 人工智能引领的第四次技术革命将进一步释放历次科技革命和产业变革积蓄的巨大能量，并创造新的强大引擎，重构生产、分配、交换、消费等经济活动各环节，形成从宏观到微观各领域的智能化新需求，催生新技术、新产品、新产业、新业态、新模式，引发经济结构重大变革，深刻改变人类生产生活方式和思维模式，实现社会生产力的整体跃升。

2. 人工智能带来空前的影响深度

人工智能作为一种通用能力对各领域的影响深度和广度都将是空前的。人工智能作为一种生产和运用知识完成任务的通用能力，它对所有科技的、社会的、经济的领域产生的影响的深度和广度都将是空前的。随着人工智能的不断发展，它会重塑全新的信息产业、会诞生一系列新的支柱产业；同时，任何一个现有的产业，比如娱乐、制造、金融、医疗、教育、零售等都有可能用人工智能技术进行提升和改造。任何一种人类的职业，比如律师、教师、医生、分析师等，工作方式都会发生改变，重复性的、机械化的、程式化的工作将会被逐步取代。一切都会被改变，这将是一个完整的、覆盖一切的变化。

3. 人工智能成为国际竞争新焦点

国务院于2017年7月8日印发并实施的《新一代人工智能发展规划》中指出，人工智能经过60多年的演进，特别是在移动互联网、大数据、超级计算、传感网、脑科学等新理论新技术以及经济社会发展强烈需求的共同驱动下，人工智能加速发展，呈现出深度学习、跨界融合、人机协同、群智开放、自主操控等新特征。大数据驱动知识学习、跨媒体协同处理、人机协同增强智能、群体集成智能、自主智能系统成为人工智能的发展重点，受脑科学研究成果启发的类脑智能蓄势待发，芯片化硬件化平台化趋势更加明

---

① https：//www.pwc.com/gx/en/issues/analytics/assets/pwc-ai-analysis-sizing-the-prize-report.pdf.

显，人工智能发展进入新阶段。当前，新一代人工智能相关学科发展、理论建模、技术创新、软硬件升级等整体推进，正在引发链式突破，推动经济社会各领域从数字化、网络化向智能化加速跃升。

人工智能已经成为国际竞争的新焦点。人工智能是引领未来的战略性技术，世界主要发达国家把发展人工智能作为提升国家竞争力、维护国家安全的重大战略，加紧出台规划和政策，围绕核心技术、顶尖人才、标准规范等强化部署，力图在新一轮国际科技竞争中掌握主导权。2018 年 10 月 31 日中共中央政治局就人工智能发展现状和趋势举行第九次集体学习，习近平总书记在主持学习时强调，"人工智能是新一轮科技革命和产业变革的重要驱动力量，加快发展新一代人工智能是事关我国能否抓住新一轮科技革命和产业变革机遇的战略问题。"

4. 人工智能提供个性化解决方案

人工智能为经济问题提供个性化的解决方案。人工智能可以实现更好的客户细分，可以实现多样化、个性化的定制生产和服务。人工智能使企业能够更详细地预测消费者的行为和价格敏感性。基于在线购物平台或信用卡交易所揭示的以前的消费和搜索模式，供应商基本上可以收取个别价格或建议个别价格服务质量组合。因此，人工智能技术可以实现更好的供需匹配的同时，可能也更容易实现价格歧视、价格共谋。

5. 人工智能助力流程管理和优化

人工智能有助于流程管理和优化。如电网等复杂的基础设施和建筑项目的管理中，人工智能能够结合分散跟踪和认证方案（区块链），允许上游生产商通过更好的产品质量、认证方案和市场条件信息整合多元化供应链。基于人工智能的创新也可构成一组新的任务，或者在人工智能帮助下完成以前人类无法完成的任务，从而实现流程的优化。

6. 人工智能辅助决策者优化管理

一方面，人工智能可以承担起时间安排、资源分配、数据报告等管理者负责的工作，管理者趁此机会提高自身创造性思维及决策能力，充分运用自身经验知识，与智能机器实现高效协作。另一方面，以人工智能为基础的专家系统有助于决策者更好地管理其干预措施。公共政策的执行往往取决于关于需要干预领域的及时和准确的信息。以人工智能为基础的专家系统有助于决策者更好地管理其干预措施，提供更好、更细粒度的信息，并使各种行动者更好地协调。人工智能赋能的新的便宜的智能硬件产品，如智能手机，以及以手机为载体的信息和知识的传播，可以大大提高使用者获取信息的能力，也大大提高产品和服务的传播范围。

7. 人工智能带来新机遇和新挑战

人工智能带来社会建设的新机遇，同时人工智能发展的不确定性也带来新挑战。一方面，人工智能在公共服务各领域广泛应用，将极大提高公共服务精准化水平，全面提升人民生活品质，将显著提高社会治理的能力和水平，有效维护社会稳定。另一方面，人工智能是影响面广的颠覆性技术，可能带来改变就业结构、冲击法律与社会伦理、侵犯个人隐私、挑战国际关系准则等问题，将对政府管理、经济安全和社会稳定乃至全球治理产生深远影响。因此，在大力发展人工智能的同时，必须高度重视可能带来的各种问题，从而研究对策，最大限度降低风险，确保人工智能安全、可靠、可控发展。

第4章 技术革命对劳动力市场
影响的历史考察

人类社会的发展史实质就是科技进步史。时至今日，人类社会已经经历了从蒸汽时代、电气时代、信息时代到人工智能时代的巨大转变，每一次技术革命都在催生新的生产方式，提高社会生产力，推动经济社会不断达到新高度的同时，也对劳动力市场产生不可忽视的影响。

4.1 第一次技术革命及其对劳动力市场的影响

第一次技术革命发生在18世纪60年代至19世纪中期，主要是蒸汽机的改良和使用，用机器替代手工劳动，生产力空前提高，人类进入了机器大生产和蒸汽时代。

第一次技术革命对劳动力市场以及社会发展进程都产生了深远的影响。其间，大量的人力畜力被纺纱机、瓦特蒸汽机以及以蒸汽机为动力的轮船、轨道交通等工具所替代，大量手工业者破产，同时也催生了多次大规模的工人反抗运动。机器代替手工劳动推动了手工工业向机器大生产的转变，逐步实现生产的机械化，提高了劳动生产率，使生产力得到空前的解放和提高。机器在生产领域的大规模运用突破了人类四肢和五官的局限性，许多劳动力尤其是低技能的劳动力得到解放，劳动力总体供给数量增加。各种机器工具的主要发明人大部分是一些能工巧匠而不是科学家，这也是第一次技术革命和其他几次技术革命最大的不同之处。

英国是世界上最早进行技术革命的国家。1733 年，约翰·凯伊（John Kay）发明飞梭，织工不需助手即可单独完成纺织工作，大大提高了织工生产效率。飞梭的发明被人们视为纺织工具改进的第一步。1764 年，詹姆斯·哈格里夫斯（James Hargreaves）发明了"珍妮纺纱机"，纺纱效率是原先的数倍，接着理查德·阿克莱特（Richard Arkwright）发明了"水力纺纱机"。1785 年爱德蒙·卡特莱特（Edmund Cartwright）发明了"动力织布机"，使用蒸汽作为动力。至此，纺纱和纺布工序都实现了机械化。除了纺织业外，其他工业领域也相继引入了先进技术，形成工业革命的第一次高潮。在炼铁业，使用焦炭代替木炭做燃料，后来又用煤烧炉炼铁，促进了钢铁行业的发展。

蒸汽机的改良是工业文明史上具有标志性意义的事件。1769 年詹姆斯·瓦特（James Watt）改造"纽科门蒸汽机"，发明了能够连续运动的蒸汽机。但由于很少有人掌握蒸汽机技术，缺乏专业的维修工人，一旦损坏，瓦特必须亲自带人维修。随着工业革命的深入发展，一个新的工业部门——机器制造业应运而生。之后出现了一批专门制造机器的工厂，雇用专业的技术人员，这标志着工业革命的基本完成，也极大地推动了英国工业的发展，造就了这座"世界工厂"。

第一次技术革命引发了人们对"技术性失业"的思考和争论。"技术性失业"，即技术革新和应用带来的失业。起初古典自由主义者认为技术进步对就业的影响具有积极效应。但是随着工业革命的深入发展，失业日益严峻，并且威胁到了社会秩序的稳定。一些经济学家开始质疑这种观点。对于机器排挤工人这一点，大卫·李嘉图起初并不认同。他认为机器投入生产提高了生产效率，降低了产品价格，创造出物美价廉的产品，劳动力会从使用机器后商品的普遍降价中受益。但随着机器对人的排挤现象越来越明显，他又转变了之前他所持有的乐观态度，认为机器的使用往往对劳动力不利。学界将他的这次转变称为"李嘉图之谜"。这是第一次技术革命引发的理论界对"技术性失业"问题的初步探讨。

第一次技术革命导致"补充劳动力"——女工和童工出现。马克思在《资本论》中写道："资本主义使用机器的第一个口号是妇女劳动和儿童劳动!"由于机器的使用解放了人们的体力,力气不再是工作的必需条件,这使得身体尚未发育成熟的儿童和力气较小的妇女也可以从事生产工作。从这个角度看,机器排挤的工人更为准确的是排挤成年男工。因此,资本家招募大量女工和童工,以此来降低劳动力的价格。根据资料统计,1839 年,在大不列颠的 419560 名工人中,除了 23% 的成年男工外,其余都是女工和童工。在童工中大部分是 5~10 岁的儿童,他们的工作时间长达 16~18 小时,有时他们还会受到资本家的虐待,一些童工因此夭亡。在利物浦,工人的平均寿命只有 15 岁(蒋孟引,1988)。

第一次技术革命导致生产方式的转变——由传统的家庭生产向机器大生产转变。第一次技术革命以前,欧洲各国以农业为主,家庭手工业作为农业的副业也较为发达,随着地理大发现、殖民地开拓与国内人口的增长,海外市场和国内市场需求扩大,到 16、17 世纪,工场手工业逐渐发展起来。相比于传统手工业,工场手工业建立在劳动分工的基础上,劳动过程标准化、简单化。随着工业革命的开展,资本主义大工厂逐渐取代了手工工场,广大的农村剩余劳动力来到城市,选择在工厂工作,"上班族"由此产生。

4.2 第二次技术革命及其对劳动力市场的影响

第二次技术革命发生在 19 世纪中期至 20 世纪初期,主要是电力的发明和广泛使用提高了工业化和自动化程度,人类进入电气化时代。

电力的广泛应用成为第二次技术革命的重要标志。随着发电机、变压器、电动机等设备被发明出来,大规模发电和供电成为可能,工厂、家庭和城市能够广泛使用廉价、稳定的电力。第二次技术革命中,内燃机是重要的发明之一。内燃机的发明和应用使交通工具变得更加灵活和方便,为汽车、飞机、农机等带动了新一轮技术变革。钢铁和化学工业的快速发展为第二次技术革命提供了有力支持。通过炼钢、制铁等技术提高钢铁的质量和产量；同时，发明了化学肥料、染料、橡胶、塑料等化学产品，改变了生产方式和生活方式。电报、电话、无线电、广播、电视等通信技术的发明和应用极大地促进了信息传播和交流，加速了世界范围内的信息流动和经济全球化。第二次世界大战后，电子技术的快速发展成为第二次技术革命的新动力。电子计算机、半导体器件、微电子技术、光纤通信等新技术不断涌现，引发了数码革命和信息时代的到来。半导体技术的发明标志着电子技术迈向了一个新的里程碑。集成电路的发明为电子产品的制造带来了巨大的飞跃。电气化时代社会的工业化提高到一个崭新的阶段。由于电力比蒸汽动力更为廉价，且供应充足，因此替代蒸汽动力成为新的关键要素。随着电力越来越广泛的应用，促进一系列产业部门的兴起和发展，如电机制造、电力机械、电缆与电线、重型工程、重化工、冶金、石油加工、内燃机和机车等部门，促使社会产业结构发生重大变革。工业成为国民经济中的主导部门，农业地位继续下降，服务业得到迅速发展。

德国从 1891—1913 年的 22 年间，电气工业总产值增加了 28 倍。由于新技术的广泛应用，德国在 1870—1913 年，生铁产量由 139 万吨增至 1931 万吨，钢从 17 万吨增至 1833 万吨，分别增加了 12.9 倍和 107 倍。美国钢产量则从 1890 年的 434 万吨增至 1918 年的 4500 万吨。[①] 同时旧的制造业在生产中进行技术改造也得到前所未有的高速发展。例如，由于采用了新的采煤工具和动力，德国在 1870—1917 年的煤产量从 3400 万吨增至 27730 万吨。

随着新技术和新动力的使用，第二产业和第三产业迅猛发展，带来劳动力就业结构的调整。农业就业比重继续下降，工业就业人数和比重都迅猛增加，并超过农业成为第一大就业部门，服务业出现了吸纳就业的巨大潜力。美国 1866 年农业部门占有全国劳动力的 59%，至 1910 年下降至 31%。英国农业就业劳动力所占比重由 1881 年的 16% 降至 1911 年 6%。德国 1895

---

① 关锦镗等. 科技革命与就业［M］. 北京：北京大学出版社，1994.

年第二产业工人及其家属达 3500 万人，占全国人口总数的 67%，而工人中又以重工业从业人员所占比重为大。同时，第二产业内部就业结构也发生变化，纺织工人、服装工人占总就业的比重逐渐下降。

在第二次技术革命期间，"技术性失业"依然是人们关注的问题。尽管人们曾经采取一些方法试图熨平技术革命对就业的影响，比如英国政府为了维护社会稳定曾颁布保护马夫的《红旗法案》。但技术的发展不可逆转，技术进步造成的"技术性失业"依然存在。当然，随着新技术的开发应用、新产品的发明创造、新产业的蓬勃兴起，新的就业岗位也在不断被创造出来，带来新增就业。比如英国的火车头、车厢、铁轨和美国的福特汽车生产等都在短期和中期创造了巨大的就业机会。

4.3 第三次技术革命及其对劳动力市场的影响

第三次技术革命发生在 20 世纪中期至 21 世纪初期，主要是原子能、电子计算机、空间技术和生物工程的创造和应用，开创了信息化时代。

如果说第一次技术革命是人类历史上社会生产力质的飞跃和突破，第二次技术革命是第一次技术革命的延续和发展，那么第三次技术革命堪称是可以与第一次技术革命相媲美的、社会生产力的二次巨变。这次革命伴随着计算机的出现、航天技术的运用推动世界进入信息时代，其范围之广、速度之快、影响之大都是史无前例的。

相较于前两次技术革命，第三次技术革命具有自身显著的特点。首先，国家垄断资本主义的发展和第二次世界大战（以下简称二战）是推动第三次技术革命的重要因素。一方面，国家垄断资本主加剧了世界各国经济、政治发展的失衡，掌握先进科学技术特别是尖端技术成为主要大国提升自身竞争力的主要手段。另一方面，第三次科技革命的出现，也是由于社会发展的需要，特别是二战期间和二战后，各国对高科技迫切需要的结果。二战期间，英国等国为破译德军情报研制出电子计算机，更是依靠原子能技术将二战带向高潮。二战后，美苏冷战，促进了空间技术和卫星技术的发展。其次，大科学的出现。第三次科技革命，出现了各学科之间的相互渗透的新特点，新的学术与科技思潮不断涌现，使得科学技术大幅度提高。而且此次技术革命推动了科技组织形式的变革，许多尖端前沿的科技成果是在政府主导下进行，科学研究规模大，科研成果数量多（王滨，2003）。

总体而言，第三次技术革命使各国实力再次洗牌。美国凭借着二战中积累的大量财富和科技人才一跃成为 20 世纪世界大国的佼佼者，从而奠定了其在世界政治经济体系中的霸权地位。日本通过引进国外先进技术、招揽人才以及强大的创新能力，综合实力也大大提高，成为亚洲强国。相比美国和日本，欧洲发展较为落后，英国、法国等老牌资本主义国家科技进程缓慢，而苏联由于冷战等因素，在军事实力和航天技术方面与美国势均力敌，整体实力仍不如美国。

由于第三次技术革命中尖端科技本身具有的生产潜能和价值，一大批以知识为核心的产业迅速发展并占领先进领域，"信息产业"成为新兴的产业部门，导致 20 世纪以来主要发达国家的经济结构发生根本性重组。传统农业在国民经济中的比重持续下降。根据统计，1950 — 1980 年，英国农业在产业总值中的比重维持在 1.6% 左右，同时期，美国和德国农业占产业总值平均为 3.7% 和 2.6%。[①] 总体来看，1981 年，世界 14 个发达国家农业占国内生产总值的比重为 3%，农业在三大产业结构中的比重持续下降，以钢铁、汽车为主的工业部门的主导地位发生动摇，以电子计算机、生物技术、信息技术为主的知识型产业成为主导产业，"知识经济"和"信息时代"随之到来。

第三产业后来居上，成为国民经济的主导产业。1968 年，根据经济合作与发展组织公布的数据，包括服务业和信息产业在内的第三产业已占美国国内生产总值的 60.4%。到 1981 年，世界主要发达国家第三产业占国内生产总值也达到了 61%。

---

① 根据格罗宁根增长与发展中心（www.ggdc.net）相关数据整理而得。

在第三次技术革命发生的过程中，伴随着产业结构的变化就业结构也得到历史性的重塑。农业就业人数比重持续下降。到 20 世纪 90 年代，世界主要发达国家农业就业比重持续下降，英国从 1991 年的 2.3% 下降到 2000 年的 1.5%，美国从 2.8% 下降到 1.8%，德国和日本也分别下降到 2.6% 和 5.1%，如表 4 - 1 所示。

表 4 - 1　　　　　　部分年份世界主要发达国家农业就业比重变化　　　　　　单位：%

年份	英国	美国	德国	日本
1991	2.3	2.8	4.1	6.7
1995	2.1	2.8	3.2	5.7
2000	1.5	1.8	2.6	5.1

资料来源：https：//data. worldbank. org. cn/indicator/SL. AGR. EMPL. ZS？year_low_desc = false.

制造业就业比重总体下降。20 世纪 70 年代以来，欧美主要发达国家制造业就业占总就业比重总体呈现下降趋势。1978 — 1994 年，英国制造业就业占总就业比重从 20.12% 下降到 14.98%。同时期，美国制造业就业占总就业比重从 28.9% 下降到 19.37%。除此之外，法国、德国、意大利、日本等制造业就业比重也持续下降，如表 4 - 2 所示。

表 4 - 2　　　　　　　　主要发达国家制造业占总就业比重　　　　　　单位：%

国家	时间	期初	期末	变化绝对值
英国	1978 — 1994 年	20.12	14.98	- 5.14
美国	1978 — 1995 年	28.9	19.37	- 9.53
法国	1978 — 1995 年	24.93	18.19	- 6.74
德国	1978 — 1990 年	33.90	31.41	- 2.49
意大利	1978 — 1994 年	28.75	22.82	- 5.92
日本	1978 — 1995 年	25.37	23.86	- 1.51

资料来源：Kucera D，Milberg W. Deindustrialization and changes in manufacturing trade：factor content calculations for 1978 - 1995 [J]. *Review of World Economics*，2003，139（4）：601 - 624.

服务业就业比重上升并占主导地位。根据国际劳工组织所做的调查，1960 年在美国从事服务业的劳动力占总劳动力的比重为 53%，而在 1969 年这一比例增长到 61.1%（何顺果，2001），并且随着时间的推移逐年增长。就业结构的这种结构性改变不只发生在美国，也相继出现于西欧大部分国家，成为西方资本主义的主流趋势。

这一时期制造业就业比重下降，服务业和信息产业等第三产业就业比重上升的重要原因是 20 世纪 70 年代以来欧美等发达国家兴起的"去工业化"过程，其中以美国最为典型。

这一时期总体失业水平呈周期性上下波动。这一时期主要资本主义国家失业变动分为以下三个时期。

（1）20 世纪 50 年代到 70 年代初的接近充分就业时期，如英国 1950 —1960 年平均失业率仅为 2.5%，1961 —1973 年也只有 3.6%。美国失业率稍高，但 1961 —1973 年仍保持在年均 4.9% 的水平上。

（2）20 世纪 70 年代到 80 年代的普遍高失业时期，资本主义国家失业率急速上升时期。1974 —1978 年主要资本主义国家失业人数几乎增长一倍，进入 80 年代后各国失业情况更趋恶化，如英国平均失业率从 70 年代初的 3.6% 猛增至 1980 年的 6.9%，1982 年更是高达 12%。美国 1979 年失业率达到 9.2%，1982 年 11 月则触及了二战后的纪录高位 10.8%。

（3）20 世纪 90 年代至 21 世纪初是失业率下降时期。此时发达国家的失业率逐步下降，美国表现最好，自 1992 年起，失业率持续下降，从 1992 年的 7.5% 降至 2000 年的 4%，创造了美国历史上的最高纪录；英国也表现出色，从 1993 年的 10.2% 的高位下降至 2000 年的 5.4%。

4.4 第四次技术革命及其对劳动力市场的影响

第四次技术革命发生在 21 世纪初期至今，主要是以人工智能技术的发展为标志，经济社会朝向智能化、数字化方面发展。以人工智能为代表的第四次技术革命对劳动力市场的影响也具有不同于以往历次技术革命的特点。

一是劳动力不仅是体力劳动能够被替代，脑力劳动也可以被替代。人工智能能够通过学习自动生产知识，未来人工智能甚至不需要人的辅助就可以独立生产出思想产品，实现思想产品的自动化。因此，人工智能将在脑力劳动上大规模替代人类。人工智能不仅能代替劳动力的体力，更有可能替代人类的智力，这是第四次技术革命不同于以往技术革命的关键点。第一次技术革命采用大规模的机器生产来替代手工劳动，第二次技术革命是电力的普及和交通运输业的快速发展，其根本上都是对劳动力体力劳动的替代，但第四次技术革命可能会有所不同。人工智能是建立在以信息与通信技术（Information and Communication Technologies，ICT）基础上的数字革命。人工智能技术新一轮的高涨主要得益于机器学习算法的技术突破、大量数据集的可使用性的提高和计算机化能力的增强。机器学习使得人工智能技术可以战胜人类最优秀的围棋选手，可用来分析和解读海量的医疗数据和文献，为医生诊断和作出治疗决策提供数据支撑。在人脸识别方面，人工智能算法也展现了其强大的技术能力，其通过采集大量与人脸图像相关的数据，验证算法，提高识别的精确度。除此之外，人工智能在交通、教育、金融等领域也表现出巨大的发展潜力和变革性，这意味着人类原本以为不可战胜的智力或将被人工智能技术所替代。

二是全球价值链被重塑，带来国际分工的调整，从而也引发全球就业岗位、就业方式的巨大变化。人工智能是一种"通用目的技术"，应用范围广泛，而且人工智能算法可以无成本地复制，能够很快扩展到各个应用领域。人工智能推动的第四次技术革命将从根本上颠覆全球生产模式和生产布局，引发全球价值链（Global Value Chain，GVC）的"重塑"。大数据、云计算、3D 打印等新技术的突破，使得大规模生产让位给大规模定制生产，发达国家通过应用大数据和智能设备获得了竞争优势。而且，伴随着自动化技术成本的不断下降，欠发达经济体的制造业无法再利用廉价的劳动力优势发展生产，导致全球制造业返回发达经济体，从而取代了欠发达经济体的就业，加强了就业的空间两极分化。

　　具体而言，人工智能推动的第四次技术革命通过两个步骤实现全球价值链的"重塑"。首先，引发产业链的重构。消费者的需求是企业生存和发展的关键。在智能化时代，由于网络高度的联通性和低成本，企业形态日趋平台化、网络化，围绕网络平台产业链的上下游迅速聚集，以消费者的个性化需求为核心传统产业链中的市场调查、销售与售后环节将进行高效整合。同时，线上网络平台也无需中间商，可以直接对接消费者，通过与消费者的交流沟通，定制个性化产品，这也可能导致传统产业链中的中间商消失。比如，随着3D打印技术的推广，全球生产过程中的"中间环节"很容易被淘汰。3D打印可能最终会将供应链压缩到设计师和制造商的一端，从而大大降低产品的制造成本。此外，生产本地化也减少了企业的物流和存储成本。其次，通过提高制造业中间环节的附加值实现全球价值链的"重塑"。传统的全球价值链是位于两端的研发和销售环节的附加值最高，处于中间环节的制造附加值最低，整体产业链的附加值呈现出"微笑曲线"的形状。而人工智能推动的第四次技术革命通过提高中间环节的制造附加值使"微笑曲线"的底部向上抬升，价值链得到重构。一方面，智能化生产突破传统的生产技术，提高了产品质量，增强了复杂的生产过程的可操作性；另一方面，智能化生产推动制造业和服务业的深度融合，产品研发可以与产品制造同时进行，制造过程即创造过程，通过掌握智能生产的核心技术占据生产环节的有利地位，提高制造附加值，实现"微笑曲线"中段的整体抬升。

　　以前，大多数发展中国家普遍采用凭借低廉的劳动力成本发展本国制造业的传统模式，我国改革开放40多年来取得的巨大成就，正是得益于劳动力成本低廉的国际比较优势。20世纪90年代以来，全球化程度的不断提高和发展中国家较为廉价的劳动力，推动发达国家的制造业向亚洲发展中国家转移，从而使发展中国家的劳动力从农业向制造业流动，这部分发展中国家从全球化中受益。然而由于全球贸易中相当一部分涉及离岸和外包，推动了商品生产过程的分散化，一个商品的生产需要世界不同国家或地区的不同企业共同完成，即全球价值链的存在。虽然参与全球生产的企业只占到少部分，但由于这些企业采用了先进的技术，使其生产率高于非出口企业，出口商品带来的收入高于技术投入带来的固定成本的增加，因而企业会不断提高生产技术，进而拉大了高生产率的出口企业与技术落后的企业间的收入差距。人工智能的发展正在这种全球价值链的基础上加剧了市场的竞争压力，企业必须引进或发明新的技术来提高自身的生产率，以保持在市场上的竞争优势。许多发展中国家如我国正是在这种市场作用下丧失了低劳动力成本的相对优势，发达国家制造业出现回流趋势。

一方面，人工智能技术的发展推动了生产过程的智能化。工业化和信息化的深度融合催生了新型的"智能工厂"。智能工厂利用人机一体化智能系统和基于互联网的嵌入式监控系统，通过对产品生产流程、系统机具的实时控制和在机器设备安装传感器对生产数据进行分析、判断、推理和决策，优化生产数据和实现产品生产的智能组合。在智能化生产背景下，发达国家不再需要增加劳动力要素投入实现生产，而是用智能机器人替代传统劳动力。相对于劳动力成本，企业采用工业机器人发展生产只需考虑机器的采购、维护等成本，当发展中国家的劳动力成本高于投入机器所需成本时，企业便不再看到劳动力的价值，而采用机器生产，实现了机器对劳动力的替代。另一方面，人工智能的发展推动了生产的本地化。密集的劳动力不再是企业选择厂址时考虑的主要因素，"本地生产、就地消费"成为企业追求的主要布局模式，3D 打印技术便是其中的典型代表。3D 打印技术的发展实现了生产者和消费者的深度融合，生产者可以根据消费者的独特需求生产个性化产品，并实现产品功能的实时调整。同时，生产的本地化也缩短了生产地与消费地之间的距离，减少了企业对物流的依赖。这直接导致了制造业从发展中国家向发达国家的回流。

人工智能作为大数据的产物，参与甚至替代人类直接参与到改造物质世界的过程中，而不再甘于仅作为人类改造物质世界的工具和手段，这是第四次技术革命与以往技术变革的根本不同。鉴于此，在物质生产中，技术和资本要素的重要性日益凸显，劳动力要素的地位逐渐下降。对发展中国家而言，传统依靠人口红利发展经济的模式不再能适应新的生产力发展的要求（封帅，2018）。发达国家拥有的技术优势像一个无形且强大的磁场，吸引着世界范围的优秀人才涌入本国，发展中国家因此处于不利地位。在这种情况下，全球的经济生产结构和国际分工格局将发生重大变化，广大的发展中国家尤其是中国必须转变经济发展思维，紧跟时代发展趋势，投资人力资本，让数量型的"人口红利"向高质量的"人才红利"转变。

三是以人工智能为代表的第四次技术革命将加剧就业两极分化现象。劳动力市场呈现出的以"中等技能劳动力被挤压"为代价的就业两极分化的现象在发达国家和发展中国家都普遍发生。美国的工资分配记录和16个欧洲国家的数据样本显示，20世纪80年代以来，就业已从中等工资岗位向高收入就业岗位和低收入工资岗位转移（腾讯研究院法律研究中心，2017）。世界银行发布的《2016年世界发展报告：数字红利》显示，在大多数发展中国家，如马其顿、土耳其、南非等国家都呈现出高技能与低技能岗位就业率上升，中等技能就业率下降的趋势，如图4-1所示。而我国却与此相反，呈现出低技能就业率下降，中等技能就业率上升的现象，这是由于我国工业化的迅速发展，农业机械化程度增强，一些常规性、程式化的任务增加带动了中等技能职业的增长，但就目前我国的发展趋势来看，这一情况只是暂时的，随着人工智能技术的发展和广泛应用就业两极分化的现象也将在我国显现。

弗雷和奥斯本（Frey & Osborne，2017）利用O∗NET数据库，对美国702个职业的特征进行了打分和回归分析。最终发现，严重依赖体力劳动的蓝领劳动力（他们的工作环境高度稳定且可控）和从事大量程式化、常规性工作的白领劳动力被机器替代的风险最高，这些人员常见于餐饮、零售与旅游业。智能化的机器人能够从事越来越多的常规性工作，而且机器的生产效率更高，投入成本也相对较低。从事程式化工作的白领，如程序员、金融人员，他们通常具有较高的学历和技能，也拥有较高的薪酬水平，但其工作性质依然属于常规性工作，因而这就激励企业采用智能化机器来取代这些高成本的劳动力，中等技能的劳动力受到劳动力市场的排挤。同时，一些研究还发现，涉及人际交往和运用专业知识处理、解决问题的教育和培训行业面临的自动化风险较低。而低技能劳动力由于技能有限就只能从事非常规、低技能的工作，如保洁工作，尽管未来对这类服务的需求可能会增长，但因为这些行业的劳动力数量也在增长，所以需求增长幅度不足以弥补工资下降的压力。随着教育投入和回报的提高，不同技能劳动力的收入差距也在逐渐拉大，收入分配更加不平等（世界银行，2017）。智能化时代劳动力掌握的技能越是高精尖，越是难以被自动化取代，在薪酬阶梯中占据优越位置。而那些从事常规性、高度重复性的体力劳动力就面临被自动化取代的风险，对他们而言，由于缺乏参与培训提高自身技能的经济条件或者思想上的觉醒，他们只能从事技能水平要求更加低端的就业岗位，渐渐处于收入水平的低端，就业的两极分化由此产生，拉大了收入分配的差距，也进一步加剧社会不平等。

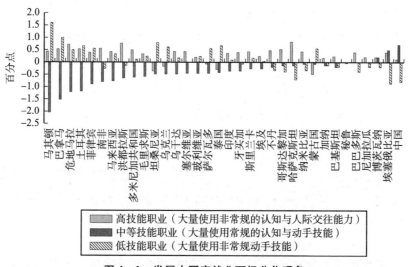

图 4 - 1　发展中国家就业两极分化现象

四次技术革命由于技术进步的领域、特点不同，对劳动力市场影响的深度和广度也不同。对四次技术革命对劳动力市场影响的历史回顾使我们更清晰地意识到人工智能对劳动力市场的深远影响。

第5章 人工智能影响劳动力
市场的作用机理

人工智能等新技术有望给社会带来巨大的好处，但也将带来结构性变化和转型，给劳动力带来更高的风险和挑战，比如更大的收入不平等、更高的失业风险和更高的压力水平等。

世界正在快速进入人工智能时代。相比之前的历次技术革命，第四次技术革命具有十分鲜明的特点，其对劳动力市场的冲击也有所不同。从冲击的范围来看，对劳动力市场的冲击是全面的；从冲击的力度来看，影响是非常强烈的；从冲击的持续性来看，因为新技术应用尚不完全，很可能造成长时间持久的冲击。

5.1 人工智能的发展和应用对劳动力供给的影响

人工智能的飞速发展和广泛应用首当其冲地影响到劳动力供给主体。

5.1.1 劳动工时的变化

人工智能技术的进步并没有能够减少劳动力工时，反而导致劳动工时延长、劳动力的工作压力加剧。

从历史经验上看，在技术革命时期，由于科技的进步，生产力得到快速发展，社会处于一个高速发展时期，但这时技术的进步并没有带来劳动工时的减少。可能的原因在于，虽然技术变革十分迅速，但是因为对合格劳动力的需求没有得到充分的满足，因而生产力得到提高的同时劳动力工作时间也大幅增加。

1870 年以来，劳动力工作时间呈现不断减少的趋势，让当时世界各国重要的经济学家认为未来随着技术进步，劳动力工作时间会进一步减少。凯恩斯著名的预测是未来劳动力每天工作 4 小时（相当于每周工作 20 小时）。然而不幸的是这一预测从未成为现实。当前尽管物质条件、生产力在第三次以及第四次技术革命中都显示出了显著进步，但互联网的发展，造成 IT 产业中的公司一度出现了延长劳动力工作时间的特点，许多互联网巨头倡导"996"的工作方式①。未来，推进人工智能的结果很可能导致工作时间的增加，这是过去及现有趋势的延续（Samothrakis & Spyridon，2018）。同时，由于人工智能对劳动力的替代效应的影响，未来劳动力将面临与机器直接竞争以求得生存的状况，这将导致工作压力加大，与过度工作相关的不良健康状况将变得普遍。

5.1.2　失业的担忧

马克思曾说："机器不仅仅是工人强有力的竞争对手，而且总是置工人于失业的边缘。机器是镇压工人罢工最强大的武器。"从第一次技术革命开始，几百年来"机器是否会争夺人类工作"一直是备受人们关注的问题。创新和技术进步造成了剧烈影响，但他们创造繁荣的同时也产生了破坏作用。当前，第四次技术革命飞速发展，创新进程不断加快，技术逐渐渗透到生活的方方面面，人们正在经历新一轮不确定性的困扰。

从历史的角度看，早在第一次技术革命时期，当新型纺织机、蒸汽机等现代机器出现的时候，就曾在英国乃至整个欧洲引起农民和手工业者的恐

---

① "996"是网络流行语，指早 9 点上班，晚 9 点下班，一周工作 6 天。

慌。1589 年，当牧师威廉·李申请针织机的皇家专利时，女王伊丽莎白一世却忧心忡忡。"想想这种发明将会给我可怜的臣民带来什么结果"，她指出，"毫无疑问，针织机将剥夺他们的工作岗位，让他们的人生一败涂地"。在当时的历史条件下，的确出现了以"羊吃人"的圈地运动为代表的，将农民赶出土地并逼迫他们成为廉价产业工人的残酷事实。

科技进步造成了"技术性失业"。根据劳动力的常规性和可重复性区分，可以将劳动技能分为低、中、高三类。重复性高的常规性技能也就是低级技能，指的是能被编程、可以转化为程序语言、容易被自动化取代的技能，这些常规性技能最容易被人工智能和自动化机器所取代。高级技能是指重复性低的非常规性技能。人工智能的技术进步在短时间内就对就业产生强大的冲击力，因为相较于以往的各类新技术，使用与人工智能相关的技术对于技能和知识的要求更高，因此产生的这种技术性失业的冲击偏向性会更加强烈。在短时期内，高学历、熟悉人工智能相关技能的人会在就业中获得优势，而那些低学历、不熟悉人工智能相关技能的人则会在就业市场遭受更大的挫折。

世界银行发布的《2016 年世界发展报告：数字红利》表明，我国目前有 55%～77% 的就业将因技术水平较低而被自动化或人工智能取代（见表 5-1）。此外，根据 2016 年 10 月发布的《乌镇指数：全球人工智能发展报告（2016）》，综合技术成熟度、实际应用场景等因素，短期内人工智能的主要应用将集中在个人助理、安防、自动驾驶、医疗健康、电商零售、金融和教育这七个方面，这就意味着在短期时间内人工智能对劳动力市场的冲击着重体现在以上七个方面。

人工智能等技术进步也将造成"结构性失业"。随着人工智能技术的发展，新的生产方法、新的产品和服务不断涌现，人们的消费需求发生变化，产业结构也将随之改变。由于劳动力需求是产品需求和服务需求的派生性需求，因而，劳动力需求将随之发生改变。同时，劳动力供给的调节往往具有时滞性，如果当前的劳动力技能不符合劳动力需求岗位的要求，那么就会造成劳动力供给和劳动力需求的不匹配，造成结构性失业。结构性失业是由于人工智能技术的发展，加之人们收入水平的提高和消费偏好的变化，对劳动力需求产生全面系统的影响。结构性失业的特点是失业者缺乏现有空缺职位所需的技能，即技能性失调，出现失业与岗位空缺并存的结构性问题，即劳动力需求和劳动力供给不匹配。这将进一步加深就业的结构性矛盾。劳动力需求变化和劳动力供给变化共同作用，这一矛盾在未来将更加突出。

表 5 - 1   被技术替代的就业比例   单位：%

国家	被技术替代的就业比例	
	仅考虑技术替代性[①]	技术替代性和时间差[②]
中国	77	55
印度	69	43
经合组织国家	57	57

注：①仅考虑技术替代性指的是在工作岗位发展过程中仅考虑被自动化技术替代的情况。
②技术替代性和时间差指的是在工作岗位发展过程中不仅考虑被自动化技术替代的情况还考虑应用技术的时间差。
资料来源：世界银行．2016 年世界发展报告：数字红利［R］．胡光宇，等译．北京：清华大学出版社，2017.

5.1.3 劳动力再就业困难

随着人工智能的发展，失业人员再就业变得更加困难。当前人工智能造成的再就业困难主要集中在中低技能劳动力身上。在人工智能不断深入推进的过程中，人工智能替代了一大批中低级技能劳动力。中低级技能失业人员在再就业过程中受到了较大的阻力。失业人员大量出现不仅影响当地经济发展，而且更威胁到社会的和谐稳定。其具体原因主要有以下三方面。

（1）个人原因。个人原因是造成劳动力再就业困难的主要原因。受人工智能技术快速发展影响导致失业的主要是中低技能劳动力。首先，这些劳动力接受新事物能力相对较低，学习能力较弱，思想固化严重，再就业难度较大。其次，学历偏低。失业人员尤其是国企员工，在再就业过程中对工种、工资、环境、稳定性等要求高，而好的机遇目前在社会招聘过程中要求学历门槛较高，因此在再就业过程中，由于就业理念落后、学历水平不高从而导致失业持续时间长，再就业率不高的现象。最后，失业人员的就业技能差。在失业人员调查过程中，大多数失业人员没有相应的技术资格证书，业务能力不强，在再就业的竞争中没有任何优势，导致很难实现再就业。

（2）外界条件的制约。失业人员在再就业过程中需要政府给予一系列的帮助和扶持，从而能够顺利实现再就业，但在实际中，政策的落实和实施过程存在一些问题。首先，再就业政策宣传不到位。其次，再就业培训缺乏长期性和系统性。失业人员由于整体文化水平低，业务能力不强等特征，使其要想实现再就业的目标必须经过再培训，提高劳动力自身就业技能和竞争能力。当前的再就业培训体系还需要建立和完善，在专业、师资、课程和规划等方面缺乏系统性和长期性，培训效果不理想。最后，再就业保障体系缺乏。

（3）人工智能新技术对劳动力再就业的二次阻碍。人工智能等新技术在短期内对中低级技能从业人员造成强烈的冲击，导致众多中低技能人员失业，随着劳动力在部门以及行业之间的再配置，这种冲击力将会慢慢减弱、消失。但由于人工智能技术的通用性质，其成果可以迅速扩散到各个产业，因此一旦由于技术冲击失业的劳动力被配置到某一产业，导致该产业的劳动力成本上升，企业就立刻会有用人工智能替代劳动力的激励。在这种情况下，再就业的劳动力很快就会重新面临失业的风险，造成了人工智能对劳动力再就业的二次阻碍。

5.1.4 对劳动力教育问题的挑战

人工智能对劳动力的教育产生了巨大的挑战，包括技术进步造成的教育转型冲击，为应对人工智能带来的工作替代和工作创造提供的相关教育培训不足问题、未成年人教育问题。

1. 技术进步造成的教育转型冲击

根据技术进步的历史发展进程可以发现，每一次技术革命都会带来教育和培训的转型，对职业教育的冲击尤为之深。第一次技术革命是第一次在真正意义上实现技术的普及应用，因此在当时的工业国家中要求普及普通初等教育，来适应机械化生产的经济发展模式；第二次技术革命中，新技术的应用日益广泛，发明创造越来越多，在发明的过程中产生了许多新的工作领域，随之而来的是产生许多新的职业，对工人要求掌握的职业技能也越来越高，由此提倡普及中等职业教育；第三次技术革命中，产业结构不断优化，劳动工具得到更新，职业的活动领域越来越广泛，世界经济成为一个整体，全球化进程加快，由此提倡普及高等职业教育。当前以人工智能为代表的第四次技术革命对劳动力市场带来了深刻的影响，人工智能对劳动力不仅在体力上而且在脑力上能够实现一定程度的替代，人类需要适应新的工作方式和技能要求，从而对现代教育体系提出新的要求。人工智能技术的进步不仅会改变教育的形式，更重要的是还会改变教育的内容。

人工智能所倡导的现代教育体系要求多样性发展、加快学习知识的速度，但技术进步的速度远远超过教育改革的速度。人工智能的迅猛发展无疑会对现代教育转型产生巨大的冲击。

2. 为应对人工智能带来的工作替代和工作创造提供的相关教育与培训不足

目前，为适应人工智能带来的工作替代和工作创造所提供的相关教育培训不足，人工智能替代导致的失业人员再就业困难。当前，缺乏社会范围内长期、系统、有效的再就业培训，现有的社会中的信息技术能力培训学校等，能够提供的培训项目一般都是小规模的，十分的零散和细碎化，并且培训的周期非常短，科目单一。而人工智能技术的飞速发展要求劳动力将不得不终身学习，与之相匹配的社会范围内规范、系统的教育和培训体系亟待建立。

3. 未成年人教育问题

人工智能技术在不断地重塑工作的形式和内容，我们在考虑面对人工智能所产生的挑战时，应该重视的是，我们需要认识到当前的许多未成年人在未来进入劳动力市场后将很可能从事今天根本不存在的工作。人工智能技术未来发展的不可掌控性是我们需要面对的重大挑战之一，当前未成年人教育中教学方法、教学思想和教学内容需要紧跟日新月异的技术变迁，仅仅从当前的问题出发是远远不够的。学会学习和思考的方法、分析和解决问题的手段、培养终身学习的习惯可能比一时知识记忆更加重要。当前的未成年人正是未来劳动力市场的劳动力主体，因此，未成年人的教育问题不容忽视。

5.2　人工智能的发展和应用对劳动力需求的影响

人工智能等技术进步不断重塑着工作，对劳动力需求产生巨大的影响。

5.2.1　劳动力需求的技能变化

人工智能的发展带来劳动力需求的技能变化。人工智能的发展正在重塑工作所需的技能。对可被人工智能技术取代的较不先进技能的劳动力需求正在下降；与此同时，对高级认知技能、社会行为技能以及与更强适应能力相关的技能组合的劳动力需求正在上升。这种情形在发达国家已经很明显，在一些发展中国家也开始出现。在劳动力市场上，伴随着人工智能的发展和应用，有三种技能越来越重要，即高级认知技能，如复杂的问题解决能力；社会行为技能，如团队合作；预测适应性的技能组合，如推理和自我效能。培养这些技能需要一定的人力资本基础和终身学习能力。

劳动力需要不同的技能才能在未来的职场中茁壮成长。对沟通和同理心等社交和情感技能的需求，将几乎与对许多先进技术技能的需求一样迅速增长。所有工作岗位的基本数字技能都在不断提高。自动化还将促进对更高认知技能的需求的增长，尤其是批判性思维、创造力和复杂的信息处理能力，对体力和体力技能的需求将下降。随着技术的发展，技能转移的步伐一直在加快，这可能导致对某些技能的需求过剩，而对另一些技能的供给过剩，同时劳动力可能需要不断地进行重新培训和技能提升才能跟上技术发展的步伐。

人工智能的蓬勃发展导致劳动力需求技能的提升，造成了对中低技能劳动力的排斥。中低技能劳动力当中有大量不会上网，或者由于客观条件无法使用互联网，以及不愿意接触互联网的劳动力。这些劳动力在人工智能时代很容易被发展为"边缘人"。随着人工智能技术的不断开发和应用，人工智能对人们的文化水平、计算机水平、信息流的掌握程度有了更高的要求。人工智能技术越发展，劳动力需求的技能要求就越高。在人工智能迅猛发展的未来，信息鸿沟，进而是服务和福利的鸿沟，将导致"边缘人"很难享受到便捷的智能信息服务，也更加不容易获得紧缺的服务资源。

随着人工智能技术改变或取代某些工作，同时创造出其他工作，工作场所和工作内容都发生了变化。技术通过挑战企业的传统边界、拓展全球价值链和改变工作岗位的地理位置破坏了原有的生产流程，同时也增加了新的生产流程，从而影响了工作场所和工作内容。因此，一部分工作岗位会消失，一部分新的工作岗位会被创造出来，同时很多工作的形式和内容都会发生变化。在高度结构化的环境和数据处理中需要体力活动的职业将会减少。改变的工作将比失去的工作影响更多的职业。在越来越多的工作中我们可能需要与机器合作，与算法合作。因此，新技术发展将给劳动力需求带来重大转变，全球数百万人可能需要转换职业，提高技能。

5.2.2 劳动力需求的数量变化

人工智能的发展使得劳动力需求的数量发生变化。当前，对机器人将抢走人类工作的担忧主导了关于未来工作的讨论。人工智能对人类工作产生的替代影响可能包括三种类型：人类某种工作被人工智能全部取代；人类某种工作被人工智能部分取代；人类某种工作转变为新的工作形式。通俗的说，一些工作岗位在消失，另一些工作岗位在改变，还有一些工作岗位正在被创造出来。但不管是哪一种情况，对于置身其中的劳动力而言，都是人生要面临的重大变化。

人工智能对劳动力的替代效应重点表现在替代传统的工作岗位，替代重复性的工作。在当前以人工智能为代表的高科技影响下，第二产业及第三产业中的传统行业已是劳动力失业的重灾区。低端服务业、制造业的可替代性强，劳动效率低，即使劳动力在这些行业就业，也将很快被重新抛向失业队伍。如表 5 - 2 所示，人工智能以极高的生产效率冲击低端服务业、低端制造业，从而淘汰这些行业的人员。

表 5 - 2　　　　　　　　各种产业岗位被取代的概率　　　　　　单位：%

产业	工作岗位	被取代概率	产业	工作岗位	被取代概率
1	操作农用机械人员	96		出租车司机、专职司机	89
2	快餐加工员	86		保安	84
	电子产品生产员工	94		厨师、快餐业者	81
	低技术含量实验员	99		酒吧服务生	77
3	服装销售	80	3	快递员	90
	超市工作人员	76		保险人员	90
	卡车司机	82		狱警	80
	信贷员	98		士兵	82
	前台接待及信息类人员、导购	96		家政保洁	93
	法律助理及高级律师	94		收银员	99
	零售行业导购员	92		演员、时装模特	82

资料来源：根据牛津大学迈克尔·奥斯本（Michael Osborne）等调查报告整理。

同时，陈永伟和许多（2018）2015 年人口普查数据中的职业分布情况推算的全国就业人口中可能被人工智能替代的比例（见表 5 - 3）。

表 5 - 3 全国就业岗位被替代情况预测 单位：%

被替代情况	根据中国参数测算			根据弗雷－奥斯本参数测算		
	加总	男性	女性	加总	男性	女性
岗位	76.76	75.67	78.80	70.98	69.56	72.04
工作时间	78.12	74.22	72.44	71.06	69.66	67.58
岗位（非农业）	65.58	65.61	70.57	53.40	53.65	57.76
工作时间（非农业）	70.71	58.22	57.91	58.00	46.97	47.09

5.2.3 劳动力需求的形式复杂化

人工智能的发展使得劳动力市场用工复杂化、多样化。人工智能的快速发展、互联网应用的不断广泛、市场新业态和经济新模式也越来越多样化，由此形成的劳动力市场用工形式也变得越来越多样化和复杂化。

数字技术使得新的商业模式——数字平台公司正从本地初创企业发展为全球巨头，平台市场的兴起使得技术的影响比以往任何时候都更快地影响到更多的人。个人和公司只需要宽带连接就可以上在线平台交易商品和服务，这给许多不在工业化国家甚至工业区生活的人带来了经济机会。从而产生了通过平台按需工作，即零工从业者。零工经济中平台组织与独立劳动力签订短期合同，这在传统经济中称为非正式工作。这样的"平台"或"零工"经济可能会给员工带来更多的自主权和更好的工作与生活平衡，但也可能导致更多的不安全感和非自愿失业。零工从业者往往缺乏法律保护和员工享有的各种劳动力福利。

随着人工智能推进，平台经济得到快速发展，出现了劳动力可能受雇于多个平台、劳动关系变得更加复杂、经济雇佣关系不稳定、劳动力缺乏话语权、劳动保障缺失等问题。具体表现为一些平台通过增加新的、灵活的工作类型来扩大劳动力的雇佣，这类工作是传统就业形式的补充。这些平台工作模糊了正规就业和临时就业的界限，出现了与标准化雇佣关系不同的保障问题，引起了人们的广泛关注。

这些工作岗位的特点一是用工关系的灵活性。提供劳务的一方根据自身需要、自身条件，相对自由地选择工作时间、地点和方式等，不需要按照传统的工作模式，受到严格的管理限制，具有相对的灵活性。具体地，在外卖配送服务中这种灵活性贯穿了整个招工、用工环节。如在招聘时，一般都没有学历、性别、年龄的限制，招聘流程一般也不会设置笔试、面试等环节，外卖配送员只要通过平台的审核并参加培训即可参加接单配送的工作，入职方式简洁灵活。在用工时，外卖配送员也只需要在手机上下载并打开有关软件，选中"开工"选项就可以接单工作，工作时间、地点、任务量等都由配送员自由支配、自主安排，因此在工作过程中也具有很强的灵活性。目前市场流行的多种打车软件也是如此。二是用工关系的模糊性。传统的劳动关系中，用人单位和劳动力之间具有明确的"从属性"，包括人格从属性、经济从属性等，劳动力听从用人单位安排，遵守用人单位规章制度，完成单位指派的工作，进而由单位依据其工作完成度和工作表现给付相应的工资。但在零工经济背景下，外卖配送员与互联网平台之间的用工关系就没有如此清晰的脉络，具有一定模糊性。如人格从属性相对模糊，网络平台与外卖配送员之间并没有直接的严格的管理关系，外卖员只需要遵守平台制定的规则，完成相应的配送行为即可；经济从属性也相对模糊，配送员依据自身情况决定接单量，进而决定自己的劳动报酬，虽然报酬由互联网平台统一给付但经济依从性因人而异。

5.3　人工智能的发展和应用对劳动力市场环境的影响

5.3.1　劳动力供求失衡

从劳动力需求的角度看，一方面，随着人工智能新技术的迅速发展，对高技能工作人员的需求越来越多；另一方面，新技术造成的劳动力替代效应在不断淘汰旧业态及从业者。

从劳动力的供给角度看，近年来我国普通高校毕业生数量始终保持较快增长（见图 5-1），2023 年再创历史新高，达到 1158 万高校毕业生。虽然毕业生数量庞大，但我国高校毕业生所掌握的技能大多是常规性技能，随着人工智能的发展对常规性技能岗位的淘汰和对产业结构调整的影响，适合毕

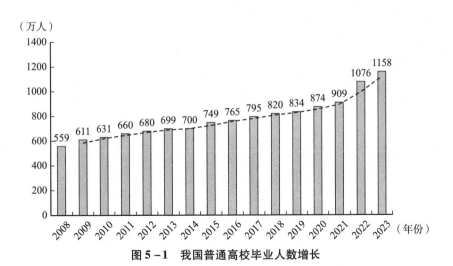

图 5-1　我国普通高校毕业人数增长

资料来源：根据国家统计局数据整理。

业生的职位相对不足，造成中低端技能人员供过于求，专业知识结构与市场需求仍存在一定矛盾。我国当前强调经济发展质量，促进经济结构升级调整，深化劳动力市场供给侧结构性改革，这将意味着对常规性技能劳动力的排挤进一步加大，进一步造成劳动力供求失衡。

5.3.2 加剧市场行业垄断

当前人工智能技术进步促进了企业的相互渗透，进一步模糊了企业的边界，加速了超级明星企业的崛起，因此，很容易造成行业垄断。大型企业在全球经济中居于主导地位，据统计，全球 10% 的企业创造了全球 80% 的利润。人工智能技术提高了企业的竞争优势，催生了全新的超级明星企业，因为大型企业与某些在线产品相关的网络效应给大型企业带来丰厚的利益，导致市场集中并促进垄断企业的崛起。2017 年肯尼亚占领全国 80% 市场份额的移动电话运营商 Safaricorn 推出了肯尼亚第一个移动货币系统 M-Pesa，一年后 M-Pesa 在移动货币领域占据主导地位，获得了相同的市场份额。

人工智能技术的发展会造成掌握一些先进的人工智能技术的超级企业的出现。技术变革对每一行业中生产率最高的企业有利，人工智能技术允许企业快速实现规模化。

基于人工智能技术的低成本复制，第四次技术革命很可能出现"赢者全赢"的局面，导致行业中超级明星的出现，进而市场集中度高度提升。这将对企业的监管提出挑战。另外，也会引起参与此行业的劳动力议价能力的下降，导致劳动关系的变化，造成工资率的降低，从而劳动力难以从技术进步中受益。而企业的高层获得更超额的利润，更进一步可能绑架政府，作出对企业高层更有利的政策。因此，人工智能时代的市场监管亟待加强和完善，对人工智能技术受益者的税收征缴也需要加强和完善，以增加对技术进步中弱势群体的转移支付、健全社会保障体系。

5.3.3 劳动力市场极化现象

随着新经济和新技术的发展，劳动力市场的极化现象逐渐开始发展。极化现象可以理解为事物向极端方向变化也可以是事物发展变化出现两极分化。当前人工智能对劳动力市场极化现象的影响主要表现为"空间极化和技术极化"。

1. 就业空间极化

就业空间极化是指因为各种经济和社会要素在空间上的分化与聚集造成某一地区就业密度和就业占比不断提高，而另外的地区就业密度和就业占比不断下降，最终形成就业的空间极化。空间极化主要体现为国与国之间的空间极化和地区与地区之间的空间极化。

人工智能削弱了低劳动力成本的经济竞争优势，强化了就业空间极化现象。在 50 多年的世界经济发展中，发展中国家凭借着低成本优势发展制造业，经济发展水平获得提高。我国改革开放 40 多年取得的巨大发展成就也得益于人口红利，低劳动力成本的比较优势。然而随着科技的进步，人工智能技术的变革造成了大规模的智能化制造，低劳动力成本将不再作为显而易见的优势，因而制造业很可能回归世界发达经济体，强化国与国之间的就业空间极化，"人口红利"要让位于"人才红利"。

同时这种就业的空间极化在我国地区之间也变得越来越明显。人工智能技术在东部地区的快速发展及经济发展差距，我国东中西部地区呈现明显的就业空间极化现象。随着经济发展，就业的"极化现象"加剧，第三产业向东部地区集聚。就业的空间分布取决于产业的空间布局，这种产业的集聚加剧了我国地区之间的就业不平衡，由此带来就业分布的"空间极化现象"。东部沿海地区由于经济发展水平快、收入水平高、就业机会多等原因会吸引中西部地区人口向东部地区流动，加快了东部地区产业结构转型速度而在一定程度阻碍了中西部地区产业转型。人工智能技术加速向三大产业以及各行业渗透扩展，融合生成许多新的产业形态，颠覆性技术、创造性破坏也不断催生经济新模式、新的产业集聚，驱动劳动力市场的"空间极化现象"，同时，也改变了不同地区的劳动力技能需求。如杭州成为新型电子商务中心，带来了电子商务人才的聚集。

2. 就业技术极化

技术极化，也称为职业极化、工作极化，用来描述经济结构变化中，高技能与低技能岗位的就业比例提高，而中等技能岗位的就业比例下降的现象。直接表现为就业份额或工资的"两端上涨、中间下跌"。这一过程中表现出的"U"型结构称为极化，用就业衡量称为就业极化，用工资衡量称为工资极化。大卫·奥特（2010）发现美国的就业增长正分化为相对高技能、高工资和低技能、低工资的工作，并且这种就业极化现象在工业化经济体中普遍存在。造成就业两极分化的关键因素是日常工作的自动化和国际劳动力市场的一体化。绝大多数中等技能、中等工资的职位都是由程序员能够在代码中捕获的日常任务组成的，这使得这些工作很容易自动化。正如大卫·奥特和大卫·多恩所指出的，"从逻辑上讲，计算机化减少了对这些工作的需求，但它增加了对执行'非常规'任务的劳动力的需求，这些任务补充了自动化活动。"这些任务恰好位于职业技能分布的两端。劳动力市场极化可以用前面介绍的"技能偏向性的技术变革（skills-biased technological change）"加以解释。技术创造的就业机会不断要求更高的技能，人们可以通过大学教育或其他技能培训获得这些技能，使自己处于极化的两端中的高端，从而获得更高的收益。

5.3.4 劳动力市场不平等现象

人工智能作为技能偏向性技术进步，会带来技能溢价，造成劳动力市场极化现象，从而影响劳动力内部不同技能水平的劳动力的收入分配格局，导致劳动力市场的不平等现象。

这里的技能偏向性技术进步是指在人工智能等新技术的影响下，企业对劳动力的技能水平提出更高要求，在固定的相对工资条件下，提高了对高技能劳动力的需求。高技能劳动力的就业份额和工资水平上升，而低技能劳动力的就业份额和工资水平下降，进而出现了技能溢价。

高低技能劳动力之间的收入差距。人工智能的替代对象主要以程式化任务为主，对技能要求较低的职业冲击较为严重。自动化的普及不仅压低了从事这些职业的劳动力的收入，还造成了相当数量的相关人员失业。自动化对那些非程式化、对技能要求较高的职业，则主要起到了强化和辅助作用，因此面对"人工智能革命"的冲击，从事这些职业的劳动力的收入不仅没有下降，反而出现了上升。劳动力市场极化使得工作机会向高技能、高工资，低技能、低工资两极倾斜，造成高技能劳动力和低技能劳动力数目的增加以及中产阶级空心化，从而加剧了劳动力市场的收入不平等。因此，不同技能劳动力面临人工智能技术进步，其收入变化会有很大差异。在人工智能新技术的影响下，技能的高低分类将愈发明显。技能偏向性进步会提高高技能劳动力的人力资本，高技能劳动力收入提高。中等技能工人和低技能工人均会遭遇工资水平降低的损失。中等技能工人工资水平降低是因为自动化，而低技能工人工资水平降低是因为竞争的加剧。

自 2001 年以来，新兴经济体中在非重复性认知技能和社会行为技能密集的行业中就业的工人比例从 19% 增加至 23%，发达经济体的这一比例从 33% 增加至 41%。在越南，某一特定行业中，和从事非分析性、非互动性和非手工性任务的工人相比，从事非重复性分析工作的工人所得的收入要高出 23%；从事人际关系相关工作的工人所得的收入要高出 13%。

非重复性分析工作要求工人具备高超的分析技能、练达的人际关系处理技能或者对灵敏性要求很高的手工技能，比如团队工作、关系管理、人员管理和护理工作等，对从事这些工作的工人，机器人可以发挥辅助作用。在这些活动中，人们必须基于一定社会交往常识展开互动。事实已经证明，设计、制作艺术、研究活动、团队管理、护理工作和清扫卫生等工作难以实现自动化。机器人很难复制这些技能与工人展开竞争。

在"可被编码的"重复性工作中，机器最容易取代工人的作用。其中一些工作是认知性的，比如处理工资单或账务。其他的工作则是手工性质的或者体力性质的，比如操作焊接机、配送商品、操作叉式升降机等。这些工作很容易就能实现自动化。

不同技能类型组合所带来的回报也在持续增加。工作性质的持续变革要求工人具备能够提高他们适应能力的技能组合，从而使他们能够轻松自如地改变自己的工作。纵观世界各国，高阶认知技能和社会行为技能一直是雇主最看重的技能的一部分。利比里亚、马拉维和赞比亚的雇主一直将团队工作能力、沟通能力和问题解决能力视为继技术技能之后最重要的技能组合。

在发达经济体中，需要高阶认知技能的工作和要求具有灵活性的低技能工作类型的就业增长速度最快。相比之下，就业已经从诸如机器操作等中等技能行业向外转移，这可能是劳动力市场中不平等问题不断加剧的原因之一。

人工智能技术进步对要素回报的影响，造成收入分配差距。人工智能技术对中低技能劳动力的替代会减少市场上对中低技能劳动力的需求，进而降低劳动力的回报率；与此同时，作为一种资本密集型技术，它可以让资本回报率大为提升。在这两方面因素的作用下，资本和劳动这两种要素的回报率差别会继续扩大，再加上人工智能产业的高度集中，从而引发收入不平等的进一步扩大。人工智能创造的财富很可能在各国之间不平等地分享，技术领先的国家处于优势，将有更高的收入水平，从而引发国家间的收入不平等。

另外，地域之间的收入差距也造成了劳动力市场的不平等。地域之间的收入差距与发达地区的技术创新率和技术转移率相关，因为人工智能所代表的新技术重点主要在我国东部沿海等发达省份和地区发展，地区间的差距也加剧了收入不平等。

最后，人工智能所代表的新兴技术不仅集中于我国东部沿海地区，更集中于城市之中，城乡面对新技术机会的不平等，也加剧了城乡劳动力之间的收入不平等。

伴随着技术进步而来的不平等现象，必须依靠政府有效管理，采取合理的政策措施才可以让技术变迁过程更具有包容性。科里内克和斯蒂格利茨（Korinek & Stiglitz, 2017）对"人工智能革命"中的分配政策进行了讨论，认为税收、知识产权政策、反垄断政策等都可以发挥一定作用。

5.3.5 加剧劳动力社会保障的风险

人工智能技术的发展对劳动力市场的猛烈冲击对当前劳动力的社会保障制度体系产生了巨大的挑战。劳动力市场的不确定性要求相应健全的社会保障体系。许多国家的社会保障制度都与标准劳动关系相关，特别是在发展中国家，非标准就业和非正式工作的增加都使许多工人在面对疾病、工伤和养老方面得不到充分的保护。因此，社会保障制度需要进行改革，以为非标准和非正式就业的劳动力提供保护。当前，发达国家已经开始审查社会保险制度，以确保所有工人都能获得失业保险和养老金；发展中国家也应积极促进全民社会保障制度，将保障范围扩大到非标准和非正式的劳动力就业领域。虽然大多数国家的不平等现象的原因是多样的，但快速的技术变革导致了工人与工人之间，工人与和企业所有者之间的收入不平等现象。更为先进的税收政策可以确保新技术（如人工智能技术）的利益得到广泛的分享，产生更多公共资源，为再分配和建设全民社会保障体系提供物质支持。在人工智能能力越来越强的情况下，对技术将导致大规模失业的担忧，激发了改革现有社会保障体系的强烈呼声。

5.4 人工智能的发展和应用对劳动关系的影响

在此我们主要关注人工智能技术发展对劳动力话语权或权利的影响。

5.4.1　劳动力话语权削弱

人工智能技术发展带来世界各国市场的集中。使用人工智能技术的企业可以获得生产率的跃升，这将使它们更容易在激烈的市场竞争中胜出。由于技术的非竞争性质，可以快速几乎无成本地扩张，使之更容易建立先发优势；同时由于人工智能技术需要投入较高的固定成本，但边际成本却较低，使得应用人工智能的行业具有较高的进入门槛。利用先发优势和技术优势，行业中的企业比以前更容易做大做强，迅速占据整个市场，并建立进入壁垒，从而成为行业中的超级明星企业，造成行业中的市场高度集中。这些超级明星企业具有超强的市场力量，即在不创造价值或服务于公共利益的情况下，为自身利益扭曲市场结果的能力。超级明星企业利用日益增强的市场力量来发挥更大的杠杆作用：阻止该领域的新进入者，降低员工的议价能力，控制信息和媒体甚至影响政府决策。对劳动力的影响简单而言就是更低的工资、更少的工作和更少的权利。

帕金·马布德和杰斯·福登（Pakeen Mabud & Jess Forden，2018）分析了美国经济的现状发现企业利润和股价都处于创纪录的高位，总体失业率处于数十年来的最低水平，GDP 增长也超过了许多专家的预测；然而，普通美国人仍在苦苦挣扎，工资仍然停滞不前，住房、医疗保健和教育等支出在每笔工资中所占的比例越来越大，强大的经济不安全感存在于美国劳动力群体中。帕金·马布德和杰斯·福登认为要解决工作的未来问题首先要了解造成经济不安全的原因。全球化和技术变革给工作带来了新的不安全感和新的用于工作的工具，但美国人的日常福祉从根本上讲与权利有关：劳动力是否有权要求雇主提供更高的工资和更好的工作条件，雇主是否有权压榨劳动力以削减成本，以及诸如全球化和技术变革等力量与劳动力市场的权利动态之间塑造或被塑造的方式。劳动力话语权的削弱，加上企业金融实力的增强，意味着劳动力在当今的经济中越来越脆弱。

因此，基于美国的经验和相关研究工作，我们需要对人工智能可能带来的市场集中，以及劳动力议价能力和权利的减少保持足够的谨慎，政府应采取相应的政策措施保障劳动力的权益。

5.4.2 劳动争议增加

在人工智能的推动下，"互联网＋"的思维推动了劳动力市场虚拟平台建设，增强了就业形式的多样性，减少了信息传导的不对称性，同时增加了岗位工作的灵活性。在人工智能平台经济模式下，许多企业采取"外包"模式，即实行以项目为核心驱动的雇佣关系，这类劳动关系比较灵活，成本较低，但增加了员工的流动率，短期合同制项目结束之后雇员便被解雇，这减弱了企业中工会的力量，使得在劳动关系中企业处于较为强势的地位，由于企业在劳动关系中处于优势地位，为了追求企业效益最大化，频繁解雇劳动力的现象很容易造成劳动争议增加，劳动力供求双方亟待建立起新型的合作型劳动关系。这对于目前的劳动力市场无疑是一个重要的挑战。

5.4.3 对现代有关劳动力市场的法律产生挑战

1. 对于民法的挑战

随着人工智能技术快速发展，机器人在社会中应用越来越广泛，机器人拥有越来越强大的智能，机器人与人类的差距正在逐渐缩小。未来出现的机器人将拥有智能的大脑，机器人的相关权利越来越受到重视，未来机器人很可能冲击民法框架。民法意义上的人包括具有自然属性的人（自然人），也包括法律拟制的人（法人），机器人不是具有生命的自然人，也区别于具有自己独立意志的法人，但 2015 年香港深度知识（Deep Knowledge Ventures）风投公司任命机器人作为董事会主体成员的一员，公司还坚持人工智能董事和董事会其他人类成员享有同等的权利，这标志着机器人作为人这一行为主体进入市场。这种新技术下的人工智能机器人很有可能对民法意义上的人这一行为主体的界定产生冲击。

2. 对于劳动合同法的挑战

人工智能带来的新型就业形式的出现对我国现有的劳动合同法造成了一定的挑战。当前的劳动市场中，随着数字经济的发展，产生了很多的新型就业形态，但是这些新型就业形态都是在劳动法颁布之后产生的，劳动法并没有将其纳入就业统计中。同时智能技术正在产生更多的短期性工作，而不是"标准化的"长期合同。滴滴打车、美团外卖等互联网平台带来的工作岗位和兼职机会，也打破了以往劳资双方需要建立固定劳动关系、签订劳动合同、履行社会保障合约的用工方式，挑战了企业用工的稳定性，也挑战了现有的劳动合同法。

3. 劳动法的调整对象与调整功能面临挑战

人机关系的转变是人工智能技术发展的基本方向。智能机器人的应用在推动社会生产力发展的同时也促进了社会结构的变化，使得人机关系成为社会重要的关系之一。我国的劳动法以保护劳动力利益为宗旨，但此时面临两个挑战：一是传统劳动法的调整功能削减，二是未来劳动法的调整对象发生变化。因此，如何应对人工智能技术发展对当今法律规则和法律秩序带来的挑战，如何设计人工智能时代的调控规范体系，将是未来我国亟须解决的问题。

法律具有保守性，其完善和发展相对滞后于社会经济的发展。零工经济是我国社会进步的产物，其在带来便捷高效的同时，也给相对滞后的法律带来了全新的挑战。尤其是关系劳务提供者个人切身利益的劳动关系认定方面，由于缺乏有效的立法规制，导致实务中常常将此类劳动力排除在劳动法的保护范围外，不仅不利于其劳动权益的保护和实现，也不利于整个社会的和谐与稳定。因此，建议在结合零工经济灵活就业的特点上，完善相关立法，明确认定标准，使之既能不妨碍经济创新的同时，又能实现对零工经济下劳动力的倾斜保护。

当前缺乏有效的立法机制，新经济状态的出现作为对当前传统经济的突破和超越。一方面缺乏专门的调整零工经济下劳动关系的法律规范，另一方面也未将共享经济下的劳动关系纳入劳动法的保护范围中，如此就导致虽然零工经济下的用工形式得到了社会的充分肯定和发展，但在法律上尤其是劳动法领域上却没有予以认同和保护。这就导致游离于现行劳动法保护范围之外的零工经济下的劳务提供者，其劳动力身份认定和劳动权益保护问题日益凸显，不公平、不合理的现象也频频发生，无形中也增加了社会安全的压力。

第 6 章 人工智能影响劳动力
福利的分析与评价

人工智能技术的发展和应用如果能够得到主动且合理的引导，那么将可能大大促进劳动力福利，提升个人幸福感，给劳动力带来更健康的生活、更长的寿命和更多的休闲。

6.1 衡量劳动力福利的关键因素

联合国人类发展指数（United Nations Human Development Index）、哈佛大学经济学家迈克尔·波特（Michael Porter）及其同事提出的"社会进步指数"，以及经合组织（OECD）的"更好的生活指数"，都考虑到了影响劳动力福利的诸多因素。

本章以经合组织（OECD）的"更好的生活指数"和世界经济论坛发布《2018 年包容性发展指数》为基础，选取其中十个关键因素具体分析人工智能对劳动力福利的影响，如图 6－1 所示。

劳动力福利的关键因素首先是 GDP，但是除 GDP 以外，还包括以下九个方面，见表 6－1。

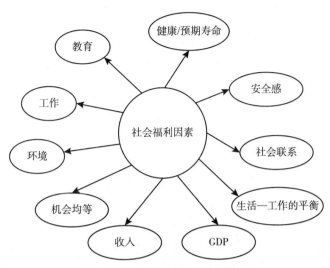

图 6 – 1　劳动力福利的关键因素

表 6 – 1　　　　　　　　　　**劳动力福利的关键因素**

序号	关键因素	关键因素	对应福利模型的指标项
(1)	工作	失业风险、工作稳定性、工作质量	GDP、收入、基尼系数、资本和劳动占收入的百分比、健康/预期寿命、休闲
(2)	健康/预期寿命	预期寿命、身体和心理健康	健康/预期寿命
(3)	收入	家庭可支配收入	收入
(4)	环境	气候变化、污染、生物多样性、自然资源	GDP
(5)	安全感	个人安全、网络安全	GDP
(6)	教育	教育的质量、数量和可获得性	GDP
(7)	机会均等	社会流动性、包容性、服务均等化	GDP
(8)	社会联系	社会关系的质量和数量	不显性建模
(9)	生活—工作的平衡	劳动时间和休闲时间的分配	休闲

（1）工作。工作有明显的经济效益和心理收益。工作带来的经济效益使得个人生活水平提高。有工作有助于个人与社会保持联系，实现个人价值感，带来巨大的心理收益；长期失业会对幸福感和自我价值感产生很大的负面影响，并导致技能的丧失，进一步降低就业能力。

（2）健康/预期寿命。健康对人们来说是最重要的事情之一，健康的身体使得人们更容易获得教育机会和就业机会，增加财富，保持良好的社会关系，拥有更长的寿命。预期寿命是最广泛使用的健康指标。

（3）收入。收入是影响劳动力福利的关键因素之一。收入分配差距是指在一定社会经济条件下居民之间按照同一货币单位或实物单位所表示的收入水平差别以及居民收入在社会总收入中占有比重的差别。虽然金钱买不到幸福，但它是达到更高生活水平从而获得更大幸福的重要手段。更多的经济财富还可能使人们获得更多的优质教育、医疗和住房的机会。收入分配差距持续扩大必然影响劳动力积极性，从而影响劳动力福利水平。

（4）环境。生活环境的质量直接影响到人们的健康和福利。一个良好的环境可以改善心理健康，让人们从日常生活的压力中恢复过来，给人们带来更多的满足感。此外，经济不仅依赖健康和富有生产力的工人，而且还依赖诸如水、木材、渔业、植物和作物等自然资源。因此，保护环境和自然资源仍然是当代人和后代人的长期优先事项。由于消费、空气和水污染、气候、工业和贸易方面的差异，每个国家都有自己独特的环境问题。但是，由于气候变化和臭氧破坏等特定的环境问题不分国界，各国也需要共同努力。

（5）安全感。个人安全是个人福祉的核心要素，包括人身攻击或成为其他类型犯罪的受害者的风险。犯罪可能导致生命和财产损失，以及身体疼痛、创伤后压力和焦虑。

（6）教育。教育在向个人提供有效参与社会和经济所需的知识、技能和能力方面发挥着关键作用。此外，教育可以改善人们在健康、公民参与、政治利益和幸福等方面的生活。研究表明，受过教育的人寿命更长，更积极地参与政治和所在社区，犯罪更少，对社会援助的依赖更少。

（7）机会均等。罗伯特·诺齐克（Robert Nozick）认为，"过程公平比结果公平更重要"。衡量劳动力福利时人们更强调的是机会均等。只要是机会均等，不管结果怎么样，政府都不应该再进行干预。

（8）社会联系。人类是社会性动物。因此，我们与他人接触的频率和人际关系的质量是幸福的关键决定因素。研究表明，与其他方式相比，与朋友在一起的时间与积极情绪的平均水平较高，而消极情绪的平均水平较低。一个强大的社会支持网络，可以在好的和坏的时候提供情感支持，以及获得工作、服务和其他物质上的机会。

（9）生活—工作的平衡。在工作和日常生活之间找到一个合适的平衡点是所有员工都面临的挑战，家庭尤其受到影响。成功地将工作、家庭义务和个人生活结合起来的能力对家庭中所有成员的幸福都是重要的。政府可以通过鼓励支持灵活性的工作方式来帮助解决这一问题，使人们更容易在工作和家庭生活之间取得更好的平衡。生活—工作平衡的一个重要方面是一个人在工作上花费的时间。有证据表明，长时间工作可能损害个人健康、危及安全、增加压力。

6.2 人工智能影响劳动力福利的关键因素

人工智能影响劳动力福利的关键因素包括工作、健康/预期寿命、教育、环境和机会均等，见表6-2。

表6-2 人工智能影响劳动力福利的五大关键因素

工作	教育	健康/预期寿命	机会均等	环境可持续性
AI 促进劳动工具的便利化；劳动方式更加灵活；职业定位和工作匹配系统可以减少找工作的时间	AI 促进教育的个性化定制，促进优质教育资源的共享；帮助教师根据学生的需要调整课程深度和进度，以达到更好的教育效果	AI 驱动药物发现；AI 驱动的诊断工具提高了诊断的准确性；基于网络的远程控制机器人手术装置可以使外科医生远程进行手术	语音生成设备对特定人群的帮助；AI 招聘减少歧视；AI 促进偏远落后地区对优质教育资源的共享，促进教育公平和机会均等	AI 有助于减少温室气体排放，降低污染；保护生物多样性

6.2.1 工作

伴随着每一次技术革命的发生，人们对失业的担忧都严重影响着个人的幸福感和劳动力福利。失业将对劳动力产生非常消极和持久的影响。工作保障是许多人幸福的核心。

人工智能的发展不断重塑着工作。企业采用新的生产方式、市场扩大、社会发展，从而增加对劳动力的总体需求。总而言之，人工智能技术带来机遇，得益于数字化转型，企业能够快速成长，扩大业务范围，重塑传统生产模式。数字平台企业的崛起意味着技术影响比以往任何时候都更快地惠及更多的人。共享平台和人工智能驱动的决策可以提高企业内部创新的速度和效率。创造出新的产品和服务，不仅会让消费者受益，还会创造更多的消费需求，部分抵消自动化带来的劳动力需求的减少。

人工智能可以对劳动力的流动性作出重大贡献，帮助劳动力接受再培训，帮助企业重新部署人力资源，同时将劳动力流动的时间和成本降至最低。完善的人才平台可以缩短人们在两份工作之间转换的时间，并改善他们的收入前景。对于雇主来说，人才匹配技术可以提高工人的生产率，并在招聘、培训、入职和自然减员方面节省成本。

人工智能技术开发平台和其他远程工作工具，如在线帮助、视频会议和共享文档访问，可以让更多的人独立工作。据麦肯锡全球研究所预测，到2025年，在线人才平台可以让多达6000万人找到更适合他们技能或偏好的工作。

6.2.2 教育

教育能够增加获得更好工作和更高收入的前景。当前的教育体系和教育内容需要改变，包括加强对科学、技术、工程和数学的重视。目前其他课程范围内比较欠缺的技能也需要补充。例如，对社会和情感技能方面的教育内容亟须增加，包括同情心、适应能力、谈判能力、创业精神和主动性。对于未来的工作而言，基本的读写和算术能力将远远不够。

人工智能将促进教育的个性化定制，促进优质教育资源的共享；帮助教师根据学生的需要调整课程深度和进度，以达到更好的教育效果。人工智能可以成为教师的便利的辅助工具，其功能包括评分考试和课程作业，人工智能还可以提高学生学习的效率。

6.2.3 健康/预期寿命

人工智能在改善健康方面具有重大潜力。从推动药物发现前沿的人工智能药物研究，到能够帮助个人监测健康状况及可穿戴设备，都有可能实现。

人工智能已经在从肺炎、疟疾或阿尔茨海默氏症的诊断，到中风和心脏病发作的预测等应用领域取得了成果。同时，机器人技术在外科领域也很有潜力。

当有流行病发生时，先进的人工智能分析和预测模型可以帮助确定传播路线，并以最有效的方式预防传播。

人工智能通过提高复杂卫生系统的效率可以成为改善公共卫生的重要工具。

6.2.4 机会均等

人工智能促进机会均等主要体现在语音生成设备对特定人群的帮助、人工智能招聘将减少歧视、人工智能促进偏远落后地区对优质教育资源的共享，促进教育公平和机会均等。

（1）语音生成设备对特定人群的帮助。人工智能语音生成设备可以帮助特定人群，如听障者、语言障碍者和老年人等，更好地进行沟通和交流。

通过自然语言处理和语音合成技术，语音生成设备可以将文字转化为声音，使这些特定人群能够听到信息并参与到社交和教育活动中去。

（2）人工智能招聘将减少歧视。人工智能在招聘领域的应用可以减少人为的主观判断和歧视，实现更为客观和公正的评估。AI 招聘可以通过分析候选人的技能、经验和背景等信息，以及与职位要求的匹配程度，来进行招聘决策。这种方式可以减少对候选人的主观偏见，提高招聘的公平性和机会均等性。

（3）人工智能促进偏远落后地区对优质教育资源的共享。人工智能技术可以通过在线教育平台和远程教育系统，将优质教育资源传递到偏远落后地区，实现教育资源的共享，从而促进教育公平和机会均等。

6.2.5　环境

人工智能可以从以下方面促进环境的可持续发展。

（1）基于人工智能的城市交通管理降低排放。基于人工智能的城市交通管理，包括优化交通指示灯网络以改善小汽车和卡车的流量，可以降低排放，将空气污染对健康的影响降低 3%～15%。城市也在使用技术来优化垃圾回收。

（2）人工智能可以通过能源效率、可再生能源、电池和平衡供需的控制技术来减少温室气体排放。在 2015—2035 年，电力企业可以利用智能电网技术将系统效率提高 12%～21%。人工智能和物联网通过操作的自动化管理帮助降低能源消耗。智能建筑技术还可以优化能源消耗，监测室内空气质量，改善身体健康。

（3）人工智能在保护生物多样性方面可以发挥作用。以人工智能为动力的无人机可以帮助监控野生动物园，识别偷猎者的位置，以及监控非法捕鱼等。

6.3　人工智能影响劳动力福利的评价模型

本章旨在探讨人工智能对劳动力福利的影响，以期为第 7 章探讨政府、企业和个人如何协作才能够以一种平滑过渡和导致更好结果的方式扩大人工智能技术的使用打下良好的基础。

6.3.1　人工智能影响劳动力福利模型的指标选择

根据劳动力福利的关键因素以及可量化的考量，选择了劳动力福利模型的六个指标：GDP、收入、休闲、健康/预期寿命、资本和劳动在收入中的占比、消费基尼系数。

以上指标与个人效用紧密相关，恰好映射着我们所说的个人效用的关键因素——"有钱、有闲、健康、公平"。从整个社会而言，GDP 是保障个人"有钱、有闲、健康、公平"的基石。此外，"有钱"可以用收入来衡量，"有闲"可以用休闲时间来衡量，其中休闲时间又可以分为主动休闲和被动休闲，被动休闲即失业带来的休闲时间。失业导致的被动休闲时间的效用显著低于主动休闲时间的效用。"健康"以预期寿命和技术引起的压力来衡量。"公平"显示了社会对不平等的厌恶，以消费基尼系数、资本和劳动在收入中的占比两个指标来衡量。

（1）GDP。GDP 作为国民经济核算的核心指标，是衡量一个国家或地区经济状况和发展水平的重要指标。GDP 能够全面地反映一个国家或地区在一定时期内所生产的所有最终产品和服务的市场价值。在劳动力福利方面，GDP 的增长通常与就业机会的增加以及收入水平的提高相关联。因此，GDP 被视为一个衡量经济发展和劳动力福利的重要指标。

（2）收入。尽管收入不能代表一切，但是收入在个人和劳动力福利的衡量中的重要性毋庸置疑。理性经济人在经济社会生活中总是会作出使自己效用最高的选择，而收入的高低决定了人们可选择的范围。收入越高意味着人们的可行能力集就越大，人们就有更大的选择的自由。

（3）休闲。休闲与劳动力的生活质量和幸福感密切相关。休闲不仅是在工作之外的时间进行休息和娱乐，更是人们追求自我发展、提升个人素质的重要方式。越来越多的智能家居能够减少家务劳动，提高家务劳动的效率，从而增加人们用于休闲的时间。

（4）健康/预期寿命。健康和预期寿命在劳动力福利的衡量中发挥着关键作用。人工智能技术的进步带来的健康和预期寿命方面的收益是技术带来的积极影响，人们对这一问题的关注甚至超过了对技术带来的负面影响的关注。琼斯和克莱诺（Jones & Klenow，2016）的分析表明，1980—2007年西欧预期寿命的增长比GDP增长增加了56%的福利。希克森（Hickson，2014）估计，从1900—2000年，英国的长寿和健康状况的改善每年为福利增长贡献了0.3%~0.4%。鉴于GDP年均增长率约为1.8%，这相当于国内生产总值增长率的20%左右。医疗和保健技术的创新，加上有利的管理环境、重大的研发支持和在公共卫生保健中部署人工智能新技术，有可能提高个人的健康状况和寿命，从而提高个人效用，提高劳动力福利。

（5）资本劳动收入占比。在国民收入中资本份额与劳动份额的比率。所有以技术为主导的革命一样，生产率和新需求带来的好处很可能更多地归于资本所有者，而不是劳动力，至少在短期内和没有政策变化的情况下是这样。资本收入的增加加剧了收入差距。麦肯锡全球研究院（McKinsey Global Institute，MGI）先前对欧洲国家包容性增长模式及其社会契约的弹性进行的研究表明，技术可能是导致收入不平等加剧的最大因素。

（6）基尼系数。我们采用消费基尼系数作为衡量劳动力福利的指标。消费基尼系数是用来衡量个人或家庭消费支出的不平等程度的一个指标。一个国家或地区的消费基尼系数越高，意味着个体或家庭之间的消费水平差距越大。因此，消费基尼系数能够作为劳动力福利的一个重要指标，帮助政策制定者了解和评估不同群体之间的消费差距，进而调整和改善劳动力福利政策。通过对消费基尼系数的估算，评价消费分布对劳动力福利的影响。孙豪等（2017）研究发现，2002 —2012 年，我国经济增长对总体劳动力福利增长的贡献率约为 95%，消费分布改善对总体劳动力福利增长的贡献率约为 5%。

6.3.2 人工智能影响劳动力福利的动力框架

人工智能技术的发展和应用通过哪些因素影响到增长和福利水平，这些因素之间又存在着何种复杂的联系，政府和企业在技术扩散和自动化方面的多种立场如何影响到增长和福利，这些是本章要探讨的问题。

技术本质上是中性的，即技术本身没有好坏之分，关键在于人们怎么使用它。从本质上讲，技术既不是好技术也不是坏技术，技术的用途决定了技术的好坏，这种技术的两重性一直存在。人工智能技术能够促进生产率增长，带来繁荣；能够替代单调或危险的任务；有潜力在从医疗保健到教育的广泛领域发挥积极作用，比如早期发现和更好地治疗癌症。与以往的技术创新一样，人工智能技术也可能会产生不良影响，需要采取预防或反击措施，比如人工智能技术被用于战争或不道德的行为，其他负面结果可能包括劳动力错配加速、收入不平等加剧、高技能和低技能工人之间的工资两极分化，以及通过增加工作强度带来压力等。简而言之，技术本身不会改善生活。因此，我们需要政策制定者和商业领袖制定一个发展规划，在短期和长期中减轻采用人工智能技术带来的一些负面影响。

政策制定者和企业在技术发展导向及技术的管理方面的不同立场在很大程度上决定未来的增长和福利结果。为了说明不同立场和方向的重要性，首先建立一个福利的驱动力模型如图 6 - 2 所示，以此来说明技术变迁影响福利指标的路径，即福利指标的驱动力。

技术创新和技术扩散促进生产率的提高，从而提高 GDP；技能偏向性的技术进步，如果管理不好，会造成资本份额在国民收入中的比重提升，会造成更多的不平等，影响资本劳动收入占比，影响基尼系数。

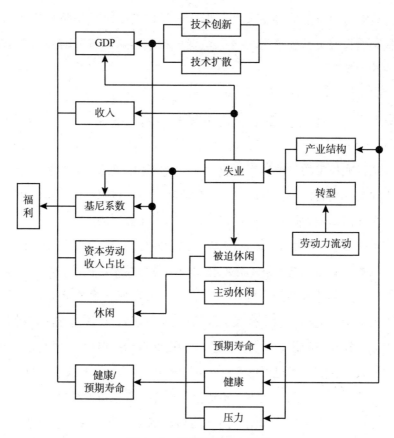

图 6 - 2　福利的驱动力模型

人工智能技术的发展，特别是在医疗健康领域的进展，直接影响到健康和预期寿命。技术的进步，工人有被替代的紧迫感；技术替代工作中的一个环节，会增加在工作中其他环节中的人的工作强度，从而增加工人的压力；两者都会引发生理或心理的健康问题。

技术驱动的产品创新以及流程创新会引起产业结构的变化。同时，机器对人的替代，技术变迁对劳动技能需求的改变，引起劳动力在企业内部、企业之间、行业之间的流动，带来转型压力。管理如果不能很好地转型，势必造成部分工人失业，工作是个人幸福的核心因素，失业直接造成收入的下降，造成被迫休闲。当然，如果大量失业，会影响到很多人，劳动份额在国民收入中的比重会下降，基尼系数会扩大，不平等程度会上升。

技术通过以上途径影响我们福利的各项指标，驱动福利发生变化。

6.3.3 人工智能影响劳动力的福利效果场景模拟

政府和企业的立场与行为严重影响着人工智能技术发展及应用下的增长和福利结果。

政府对人工智能技术变迁的积极管理将带来增长和福利的良好结果。政府的积极管理包括积极营造政策环境、法律环境、社会保障制度环境等。政府对技术变迁过程的积极管理不仅将减少工人感受到的破坏和风险，还将增强人力资本，缩小劳动力的技能差距，帮助劳动力增强承受工作错位带来的冲击的能力，进一步促进生产率和经济增长。政府的政策导向和支持将为企业的技术创新铺平道路，也影响企业的技术部署方向。政府的创新政策导向、对人工智能技术创新的支持和鼓励，都将激励企业以创新为导向作为技术部署的重点，而不是以降低成本、替代劳动力为导向。政府支持公共服务，特别是卫生方面采用人工智能先进技术作为良好工具的立场，将决定健康和寿命在多大程度上从人工智能技术实施中得到提升。公共部门对生命科学的重大投资，能够极大地推动药物发现和治疗方法的创新，比如基因组学、精确医学、细胞治疗等（Bughin et al.，2019）。

企业的技术部署重点对福利结果也具有巨大影响。在一种极端的情形下，企业可以选择主要使用人工智能技术来降低成本、提高生产效率和实现劳动力替代。在另一个极端情形，企业可以优先采用创新引领的技术，专注于创造新产品和新服务，投资于为劳动力提供辅助作用或互补作用的人工智能，以提高员工技能。如果政府支持和鼓励研发后一种导向的人工智能，提高这种人工智能创新投资的回报，则新的就业机会将可能大量涌现，而不仅仅是替代劳动力的人工智能的大量出现。政府和企业这些选择将对能否创造新就业机会产生重大影响（Bughin et al.，2019）。

基于政府进行技术转型管理的态度以及企业技术部署的重点，以下分四

种场景模拟人工智能技术的福利影响，根据福利驱动力模型，分析得到四种
场景下各福利指标值以及总福利的值，如表 6 - 3 所示。

表 6 - 3　　　　　　　　四种场景下的福利指标计算

企业技术部署的目标	政府对技术变迁中的转型的管理			
	被动管理		主动管理	
以创新为导向	GDP	2	GDP	3
	收入	2	收入	3
	基尼系数	2	基尼系数	1
	资本劳动收入占比 Ⅱ	2	资本劳动收入占比 Ⅰ	1
	休闲	2	休闲	3
	健康/预期寿命	2	健康/预期寿命	3
	总福利	1.2	总福利	2.2
以降低成本、替代劳动为导向	GDP	1	GDP	2
	收入	1	收入	2
	基尼系数	3	基尼系数	3
	资本劳动收入占比 Ⅲ	3	资本劳动收入占比 Ⅳ	3
	休闲	1	休闲	2
	健康/预期寿命	1	健康/预期寿命	2
	总福利	0.2	总福利	1

注：Ⅰ、Ⅱ、Ⅲ和Ⅳ是四种场景的编号。

1. 根据福利指标计算总福利的方法

根据经验数据，对福利指标中各指标的重要程度进行了估算，如表 6 - 4
所示。

GDP 的系数的确定过程是：GDP 属于财富效应部分，在此部分中 GDP
所占比重为 60%，所以最终 GDP 的权重值为 0.4 × 0.6 = 0.24。其余指标的
权重计算与 GDP 类似。

表 6 − 4　　　　　　　　　　　　各福利指标系数

总体系数	财富效应 0.4		平等效应 0.2		休闲健康效应 0.4	
分指标系数	GDP 0.6	收入 0.4	基尼系数 0.5	资本劳动收入占比 0.5	休闲 0.4	健康/预期寿命 0.6
最终权重	0.24	0.16	0.1	0.1	0.16	0.24

考虑到基尼系数、资本劳动收入占比两个指标对福利是负面影响，得到总的福利计算公式为：WellBeing = 0.24 * GDP + 0.16 * 收入 − 0.1 * 基尼系数 − 0.1 * 资本劳动收入占比 + 0.16 * 休闲 + 0.24 * 健康/预期寿命。

2. 四种场景对福利指标的影响

将福利的各个量化指标定性地量化到三个等级上，即低、中、高三等级，对应数据值1、2、3。每个指标量越大，对应等级越高，数值越大。

根据6.3.2节福利的驱动力模型分析不同场景对福利指标的影响，计算得到每一场景下的福利指标，然后再利用上一步中总福利计算方法得到总的福利值。

场景Ⅰ：企业专注于新产品/市场创新和以人为本的技术部署；政府通过研发和包括卫生在内的公共服务中采用技术支持创新和传播；企业和政府通过技术支持的再就业、人才匹配和增强流动性，共同缓解劳动力市场的转型。国家、企业都以创新为目标，大大促进生产力的提高，从而创造了更多的财富。同时，国家、企业合作积极管理好技术变迁带来的转型，积极主动减少其负面影响，工人也从中感受到了技术的"温暖"。在此场景下，财富增加、工人也感受到了平等正义、休闲健康都处于较好的区间。各指标如下：GDP = 3，收入 = 3，基尼系数 = 1，资本劳动收入占比 = 1，休闲 = 3，健康/预期寿命 = 3。总福利为2.2。

场景Ⅱ：企业注重创新，政府通过研发支持创新，但在公共服务领域（包括卫生领域）采用技术的速度较慢；因为政府是采取被动管理，所以当有严重的后果出现的时候，整个社会施加的压力也会比较大，所以技术的发展有可能出现短暂的放慢节奏或者是短暂的中断，这时 GDP 不会直线上升，GDP 和收入都不会特别高。各指标如下：GDP = 2，收入 = 2，基尼系数 = 2，资本劳动收入占比 = 2，休闲 = 2，健康/预期寿命 = 2。总福利为 1.2。

场景Ⅲ：政府缩减了研发投资，减缓了公共服务技术的应用；企业专注于通过任务自动化代替人工来降低成本，由于代替后，没有创造更多的就业机会，政府在管理转型方面也没能给予有力的支持，所以不平等加剧，创新和技术进步缓慢，失业，没有足够的消费需求，GDP 增长乏力，休闲健康都处于低水平。各指标如下：GDP = 1，收入 = 1，基尼系数 = 3，资本劳动收入占比 = 3，休闲 = 1，健康/预期寿命 = 1。总福利为 0.2。

场景Ⅳ：企业采取替代劳动力的技术创新，因此很多工人失业，但是由于政府采取主动管理，政府搭建就业平台积极帮助员工进行再就业培训，促进人才的匹配，所以工人就业状况会比较快地重新找到工作，状况虽然也比较差，但是要比场景Ⅲ要好一些。另外，政府只是一个保障作用，是一个低水平的保障，因此不平等现象也会比较严重。各指标如下：GDP = 2，收入 = 2，基尼系数 = 3，资本劳动收入占比 = 3，休闲 = 2，健康/预期寿命 = 2。总福利为 1。

综上所述，场景Ⅰ的总福利值最大，这也说明拥抱人工智能，鼓励企业技术创新，政府主动管理好技术变迁带来的转型，是增加整个市场劳动力福利的最优选择。

第7章 人工智能时代破解劳动力市场困境的可行性分析

我们不想粉饰人工智能和其他技术的破坏性影响，这些技术与工作保障和物质生活水平的主题特别相关。失业带来的收入损失将对劳动力福利产生严重的负面和直接影响，就业平台或其他技术无法抵消这种影响，至少不能迅速抵消。尽管如此，人工智能等新技术确实为我们提供了更多的机遇，对社会中正在发生的重大问题提供了一套解决办法。通过研究、管理和部署技术变迁的方向和节奏，企业和政府可以帮助缓解技术创新本身带来的社会和劳动力转型（Bughin et al.，2019）。

7.1 人工智能时代劳动力市场新机遇

7.1.1 人工智能替代单调危险的工作

通过协助人类劳动，人工智能将人类从繁重、重复、机械性的劳动中解放出来，优化行业的现有产品和服务。例如新闻工作者利用人工智能发放新闻和报告，可将发放范围扩大到人工发放的数十倍，节约了新闻工作者大量的时间，他们可以将节约下来的时间投入到调查研究和深入报道中，从而大大提高了工作效率；再如医生的部分工作也被人工智能替代，机器人医生能够根据病人的情况给出最具可能性的诊断，并提供最佳的治疗方案，对医生的治疗方案具有极高的参考价值，而一些配药、拍 X 光片等工作也将由人工智能接手，有了智能机器的辅助，医生可以研究更复杂的医疗问题，探索新的疾病治疗方法；再比如教育行业，人工智能可以替代教师完成阅卷、打分、设计课程等重复性工作，由此他们可以将更多时间精力放在教学方式、教学内容创新等方面。有了人工智能的协助，劳动力可节约大量时间与精力，减轻工作压力，更好地处理家庭与工作的关系。

7.1.2 人工智能有助于劳动力从事更具价值的工作

人工智能有利于促进劳动力自身技能的提高，从事更具价值的工作。人工智能对劳动力职业技能提出新要求，促使劳动力提升自我，提高适应就业环境的能力，转变就业观念，转向高质量的就业岗位。一些简单性、重复性、危险性工作由人工智能完成，会为劳动力节约大量时间，这些工作不再需要自己做时，劳动力必然要通过学习来丰富自身知识和技能，去接触新的领域，发挥创造力。人工智能还可以带动就业结构的调整，完善我国就业结构体系。人工智能带动如科技、创意、商业服务等行业的发展，提高了职业的供应量，为劳动力市场提供更多知识型、技能型岗位，带来新的就业需求，吸引众多就业者进入新的工作领域，发挥劳动力在人工智能科技创新和产业创新方面的能力。

7.1.3 人工智能简化劳动关系

人工智能简化劳动关系。传统的劳动关系复杂难控、缺乏稳定性，处理不当可能会威胁社会安定。首先，随着我国社会主义市场经济的发展，企业有了更多的自主权，在劳动力分配方面拥有更大的自主性，致使劳动关系双方因经济利益如劳动报酬和经济补偿引发的劳动争议逐年增多。其次，劳动力供需矛盾加剧劳动关系的复杂性。一些企业凭借自身优势吸引劳动力降低薪水等条件加入，侵犯了劳动力的一些合法权益。而一些企业缺乏竞争力，人才资源供不应求，内部员工为谋取高薪水高待遇而跳槽的现象时有发生，对企业正当权益造成伤害，使得劳动双方关系复杂化。在调整劳动关系的过程中，双方很难达成一致，劳动关系进一步恶化。而人工智能的出现完美地解决了这一问题，没有复杂的劳动关系，只有在工作的人工智能，不需签订协议，不需发放工资，没有劳资纠纷，使一切行为简化。

7.2　技术的性质及其作用

7.2.1　技术中性

技术本身是中性的。技术带来好的作用还是坏的作用往往取决于人们对技术的使用。技术本身没有整体目的，其影响是由人类的选择和行动所驱动的。历史经验显示：电力带来了巨大的生产力增长，但是从农业经济向工业经济的长期过渡，有时伴随着实际工资的停滞。曾经欣欣向荣的制造业和采矿业城镇由于向服务型经济的转变而被耗尽，最终的结果是资源型城市的萎缩。

技术具有两重性，就像人们经常强调事情的两面。比如，虽然技术可以增加医疗成本，比如昂贵的新疗法（如细胞疗法），但它也可以成为一个强大的工具，通过识别废物区域来提高系统的效率。同样，在工作场所，尽管自动化可能取代许多工作，但与传统劳动力市场机制相比，数字平台正越来越多地被用来为工人配备新技能，并更有效地匹配劳动力的需求和供给方。

7.2.2　技术本身可以帮助消除负面作用和平抑风险

虽然技术的采用在短期内可能具有负面作用，特别是对工作和收入，但是技术本身可以帮助消除这些负面作用和平抑风险。例如，在线培训项目和就业匹配数字平台可以帮助工人提高技能并找到工作，而移动支付和在线市场可以降低商品和服务的价格，可以积极影响物质生活水平。其他有益于社会的用例包括适应性学习应用程序，以更好地为年轻人进入劳动力市场做准备，人工智能驱动的药物研发和个性化药物，来延长健康的生命，以及环境可持续性的清洁技术。

因此，通过增长导向的技术创新管理，挖掘技术本身的潜力，帮助消除那些负面作用和平抑风险，有助于破解人工智能时代劳动力市场面临的困境。

7.3 积极主动的管理有助于应对困境

7.3.1 人工智能采用的重点在于创新增长

当前人工智能等新技术采用的重点在于创新增长，而不是通过自动化纯粹地减少劳动力和节约成本。积极主动的管理能够缓和与人工智能技术采用和创新驱动的增长相关的转变。尽管技术在促进增长上的潜力巨大，但其本身并不能解决所有问题。因此，技术扩散的同时，需要积极进行过渡管理，帮助劳动力获得新技能，增加其流动性。另外，还可能需要采取其他措施确保成功过渡，比如支持工资。开发和采用包括智能自动化和人工智能在内的先进技术不仅有潜力提高生产力和 GDP 增长，而且有潜力更广泛地改善福祉，包括更健康的生活、更长的寿命和更多的休闲。

7.3.2 政企协同引导人工智能创新方向

政府和企业可以协同发挥重要作用引导人工智能创新方向。要实现人工智能的效益并减少对社会的破坏和潜在的不稳定影响，需要强调创新导向的增长和谨慎管理劳动力以及与技术采用和扩散有关的其他转变。公共部门可以通过支持包括卫生在内的研究和发展，通过采购实践和渐进监管促进技术采用，确保为应对工作场所破坏的工人提供再培训和过渡支持，从而帮助推动创新和改善福利。

企业可以将技术部署重点放在新产品、服务和市场上，通过技术解决方案增强劳动力的技能和创建新的职业路径提高劳动力的流动性。企业还可以优先考虑具有社会效益的技术解决方案。

7.4 人工智能与供给侧结构性改革相结合有助于应对困境

7.4.1 人工智能与供给侧结构性改革均被提上日程

2015 年《关于积极推进"互联网 +"行动的指导意见》将人工智能纳入国家重点行动之一，国务院 2017 年 3 月 5 日正式发布《新一代人工智能发展规划》，由此发展人工智能正式上升到国家战略层面。党的十九大报告中提出："要深化供给侧结构性改革。加快建设制造强国，加快发展先进制造业，推动互联网、大数据、人工智能和实体经济深度融合，在中高端消费、创新引领、绿色低碳、共享经济、现代供应链、人力资本服务等领域培育新增长点、形成新动能。"国家将人工智能与供给侧结构性改革密切联系在一起，发挥人工智能引领未来供给侧结构性改革的战略性地位，是提高我国供给体系质量的重要途径。

供给侧结构性改革，是以供给侧为突破口，从制度、技术等方面着手进行结构调整，合理配置资源，改善供给质量，缓解结构性产能过剩，解决供需矛盾等问题，从而刺激需求，促进经济结构转型升级以及经济社会持续健康发展。供给侧结构性改革方向包括制度、机制、技术等，我国注重技术层面的改革，以创新驱动需求发展。供给侧结构性改革要素包括劳动力、土地、资本、创新等，在经济新常态时期，劳动力、土地、资本的改革已基本达到饱和状态，改革带来的边际效率低下，故供给侧结构性改革的主要方向已逐步转向创新方面，而人工智能作为创新的实践载体，在推动供给侧结构性改革、提高供给质量方面发挥着重要作用。人工智能的发展有助于实现党的二十大报告提出的"把实施扩大内需战略同深化供给侧结构性改革有机结合起来"。

7.4.2　人工智能提升供给质量

人工智能提升供给质量。在农业领域，人工智能用于生物研究，与生物技术相结合，加快了改良作物营养成分的研究步伐，通过对作物的基因、分子等构成的数据分析，从而提高作物品质。在工业领域，人工智能应用于产品研发，提高了产品使用价值，例如机械臂投入到批量生产中，打破了劳动力无法应对愈加复杂烦琐的工业作业的困境，使工业生产更精细化更准确，误差更小，提高产品的质量；在建筑领域，建筑构件逐渐实现数字化生产，提高了建筑构造的稳固性与安全性；在医疗领域，机器人医生能够根据病人的情况给出最具可能性的诊断，并提供最佳的治疗方案，提高治疗的准确率；在法律领域，人工智能能将法律条例或是案例转化成机器可识别的信息，利用这些信息搜寻相关的法院判例，从而增加判决的可靠性。

7.4.3　人工智能提高供给效率

人工智能技术能够提高供给效率体现在许多方面。人工智能在农业领域可通过探测雷达、传感器等技术分析土壤性质，判断土壤的宜耕作物、宜耕时间、施肥比重、灌溉面积，从而减少农作物损失，提高作物的生产效率和经济效率。人工智能用于制造车间的生产线的输送、分拣、储存，替代了大量劳动力，不仅节约了劳动力成本，而且生产效率比人工效率提高了几十倍。除此之外，人工智能在客服方面的发展可以说是非常显著的，智能客服能够依据客户往常的数据进行算法分析，对其行为进行预测，以应对可能发生的问题。

7.4.4 人工智能创新供给结构

人工智能创新供给结构。人工智能技术的发展带来对人工智能产品和服务的新需求，带动整个产业链的发展，改变整个社会的产业结构。人工智能发展前期，我国供需结构不匹配，供给结构与市场需求脱节，低端产品过剩，而中高端产品供应不足。这段时期，我国老龄人口持续增加，老年抚养比快速增长，意味劳动力必须得到更高的报酬才能承担日益沉重的养老压力、赡养负担，这就需要企业支付给劳动力更高的薪酬和福利，在劳动生产率基本保持不变的前提下，企业生产成本被迫抬高；随着经济新常态时期到来，人工智能技术以高增长率席卷市场，若企业核心技术不提高，产品不能及时更新换代，企业将失去自身竞争优势，从而在市场中处于不利地位。基于以上原因，企业纷纷把握经济产业发展方向，内部逐渐引进人工智能设备以降低劳动力成本，大力培育自主创新能力，发展人工智能技术，改造传统产业，推进产品创新，从而提高生产效率。人工智能产品和服务的供给增加，创新了传统的供给结构，满足了人们的消费需求。

7.4.5 人工智能拓展供给空间

人工智能拓展供给空间，开拓新领域。特别是无人系统领域近年来的发展速度、影响范围均创下历史新高。在深海探测技术方面，人工智能与深海电子技术相结合，研发出"深海钻机"等深海探测、取样装备，用于无人水下航行器进行海底考察、资源勘探与开发、海洋环境监测、水下运载与作业、救生等领域。目前"蛟龙"号载人深潜器、"深海勇士"号载人深潜器的成功运行标志我国深海探测进程取得突破性进展，我国水下无人机的开发使用，提高了我国水下作战与军事竞争能力。陆上无人驾驶汽车运用环境感知、定位导航和控制系统实现了汽车、人工智能的完美融合，减少了陆上汽车数量和交通事故发生的频率，最重要的是降低了能源消耗与污染气体的排放。无人机有着"高灵活、低造价、广用途"的性能优势，成为各国航空军事领域发展的重点。目前人工智能已全面渗透到海陆空各个领域，实现了人工智能供给的"全方位、多角度、宽领域"。

7.4.6　人工智能丰富供给内容

人工智能丰富供给内容。在一些意想不到的行业也能看到人工智能的"身影"，某些领域的人工智能甚至"超越"人类，令人类为之惊叹。例如机器人大战围棋冠军，取得压倒式胜利。谷歌人工智能团队研发的"阿尔法狗"，多次以大比分横扫人类顶尖围棋高手，证实了人工智能可以使人类独有的经验被探测、学习甚至是超越。在媒体行业也出现了媒体机器人，可完成新闻写作编辑审核等多个工作岗位所负责的工作，被广泛应用于新闻采集、媒体报道等领域。甚至在律政界，都出现了人工智能律师，实现了接收问题几秒内就能搜索出相关内容，提高了案例检索的效率。金融业、教育界等领域也逐渐应用人工智能协助工作。如今，人工智能使供给不再局限于传统产品，人工智能产品的供给满足了人们日益增长的物质需求，丰富了供给内容。

第8章 人工智能时代破解劳动力市场困境的策略选择

路径创造理论认为在制度或环境的形成过程中，行为主体可以通过调整步骤与过程来形成路径，行为主体有能力对现存的社会规则与制度作出反应并采取行动，以寻找最优的路径（宁军明，2006）。

8.1 人工智能时代破解劳动力市场困境的战略导向

8.1.1 以人为本主动管理技术变迁

人工智能时代破解劳动力市场困境的战略导向是以人为本主动管理技术变迁。人工智能作为一种通用技术工具，将成为未来经济增长的强大引擎，但它对劳动力市场的挑战也是巨大的。政府、企业和个人在利用这些技术时需要灵活的、有创意的，甚至是有远见的合作。包容性是一种发展理念，是努力实现充分的、平衡的发展，是实现共同富裕的现实目标下的倡导。我们应妥善运用人工智能技术变迁带来的正效应，实现人工智能时代劳动力市场结构的转型升级以及劳动力市场困境的有效破解。

人工智能技术应用不断普及和深化，涉及复杂的、系统的和全面的技术问题，正在推动经济和社会的全面深刻变革。在技术变迁的过程中，由于劳动力的异质性，并非所有的劳动力都能够及时捕捉技术变迁的信号并迅速调整自己的劳动力供给以顺应技术变迁的趋势。因此，技术变迁对劳动力市场的冲击带给每一位劳动力的直观感受是不同的。在技术变迁的过程中，有受益者，也有利益受损者。党的十九大报告指出"让改革发展成果更多更公平惠及全体人民"。因此，我们应顺应时代发展的潮流，把握技术变迁的脉络，充分利用技术进步所带来的生产力的快速发展和信息化手段的创新优势，促进科技成果和繁荣的共享。

8.1.2　主动管理技术变迁以实现共同富裕

社会主义的本质要求是实现共同富裕，在人工智能技术飞速发展的背景下，如果对技术变迁不加以主动管理，那么将很大程度上加剧社会的不平等。兼顾技术变迁带来的生产力进步和包容性发展，才能真正实现共同富裕这一社会主义的本质要求。社会的进步与经济的增长虽然是消减贫穷，实现发展的必要条件，却不是全部条件。第二次世界大战后世界许多发展中国家的实践经验证明，经济的快速增长很容易造成基尼系数的提高，社会贫富差距增大，绝对意义上的贫困人口可能会随着经济发展而明显减少，但相对意义上的贫困人口则可能增加，社会不公平不正义现象持续出现，造成社会排斥和社会仇视心理的出现。尤其是在第四次技术革命发展的背景下，人工智能对劳动力市场造成显著的影响，造成劳动力失业且难再就业。因此，在鼓励发展经济的同时，要重视技术变迁带来的影响，不但关注经济增长的"量变"，而且关注社会发展的"质变"，兼顾技术变迁带来的生产力进步和包容性发展，才能真正实现共同富裕这一社会主义的本质要求。

8.2　政府的政策抉择

政府的行动是管理技术转型和鼓励创新的关键。政府可以在主动管理技术转型过程、鼓励技术的创新发展和使用方面发挥作用。具体来说，可以分为相互承接的三个方面：构建良好的人工智能政策环境，新环境中的就业政策以及救济保障政策。三者各有侧重又相互融合，共同为稳定劳动力市场发挥着不可替代的作用。

8.2.1　构建良好的人工智能政策环境

构建良好的政策环境是破解人工智能时代劳动力市场困境的首要措施。人工智能对生产的影响和改变是根本性的，人工智能的飞速发展和对劳动力的替代会造成一定程度的恐慌，更会在一定程度上对现行法律体制产生冲击，因此在人工智能发展的初期就亟须构建良好的人工智能政策环境。

1. 消除人工智能技术恐慌

人工智能发展至今，已经开始代替人类的一部分工作，而且这种浪潮在全世界范围内快速涌动着。很明显，人工智能的发展对全球就业带来了一定意义上的大换血，而且这一进程不可避免。这样没有预知的占领与替代很容易引起人们对人工智能技术的恐慌。

（1）人工智能发展产生的恐慌。人工智能技术的发展与成熟是阶段性的。最开始受到冲击的多是程序性较强的、体力类的工作，例如餐饮服务员、建筑工人、传统制造业工人等。早在 2016 年，美国动力机器公司就创造了 1 小时完成 400 个汉堡的机器人并在加州投入使用，而德国也已经发明了可以投入使用的砌墙机、抹灰刷墙机。实际上人工智能的应用远不止这些。其紧接着带来冲击的便是认知类的工作，如银行办事员、编辑、记者、行政秘书、部分医生和律师等。这些相对高薪且重复烦琐的工作交给机器人将会完成得更好。根据全球性管理咨询公司波士顿咨询公司（BCG）与中国发展研究基金会联合发布的《取代还是解放：人工智能对金融业劳动力市场的影响》的报告，到 2027 年，我国金融业因为人工智能而减少或大规模转变的岗位达 23%。可以看出，部分认知类工作被替代是必然的。相对而言，非程序性的工作可能占有优势，但这一部分工作的从事者也不是高枕无忧的。一些机器人在绘画、写作等领域已经开始展现惊人的"天赋"。

综上所述，随着人工智能的不断发展，其在未来必将渗透各行各业，这一趋势无法阻挡，而其对就业的强烈冲击必然会引起部分人的拒绝甚至恐慌。著名物理学家霍金提出"人工智能威胁论"，他认为人工智能可能是人类文明的终结者。事实上，不仅科学家对人工智能持有怀疑态度，公众对人工智能新技术也存在应用的恐慌。

（2）公众对人工智能技术的恐慌态度。如图 8 - 1 所示，借鉴罗伯特的"技术恐慌曲线"，公众对新技术的态度共经历三个阶段的变化。第一阶段是恐慌的开始。在人工智能新技术发展初期，人们对其负面影响知之甚少，对新技术带来的更高生产力表示赞许，普遍表现为积极态度，此时对新技术的信任度较高。但随着人们发现人工智能技术存在负面因素后，便趋向于不信任的态度，此时进入"恐慌崛起阶段"，在信任和恐慌的天平上左右摇摆，很容易受到虚假陈述的影响。人们对人工智能技术的恐慌将持续攀升，最终恐慌达到最高点。在恐慌的不断攀升中，人们对人工智能的了解也不断加深，人们逐渐能理解技术发展所带来的好处。最后是恐慌慢慢消失的阶段。在该阶段，随着人工智能技术已经达到了足够的成熟程度，大多数人不再相信反对派提出的观点，不再对其滥用表示担忧，群众将重新消除担忧（王丽颖，2018）。

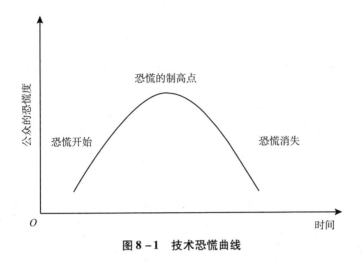

图 8 – 1　技术恐慌曲线

（3）消除对人工智能技术恐慌的选择。我国应正确看待人工智能发展引发的"失业恐慌"，加快人工智能技术的研发，加强对其应用的管理，并对传统产业工人进行技能升级培训，培养更多人工智能和机器人方面的高端人才，为技术创新发展提供支持与保障，积极应对自动化、智能化变革带来的各方面影响。

想要实现消除人们对人工智能技术恐慌的目的，最根本的有两个努力方向：一是政府加大力度扶持人工智能的成长，促进人工智能技术的完善，减少失误与损失，加快进入"技术恐慌曲线"的第三阶段；二是帮助大众更加深入地了解人工智能技术，明白"人与智能友好共生"模式比现有的生产模式更先进、更实用。显然，对于害怕被机器挤压而失业的人而言，实现第二点更有利于消除对人工智能的误解与恐慌，因此，政府应该将引导正确舆论方向作为该阶段的工作重点之一。

具体而言，我国政府应设立专项资金，用来加强公众文化素养。我国目前缺乏帮助大众科学全面地认识人工智能技术的渠道。根据猎豹用户研究中心 2019 年发布的《普通人眼中的 AI：大众对 AI 的认知调研报告》，在有效问卷 3625 份中，"一知半解"为大多数大众对 AI 的认知状态，只有 20% 的大众自评比较了解或非常了解 AI，甚至 1/5 网民的没有听说过 AI。即便知道 AI 的大众，有一半平时也不怎么关注。只有近三成大众日常对 AI 相关资讯或产品保持关注，8% 是 AI 智能硬件或 App 的发烧友，时刻关注 AI 新品的发布。根据 2017 年 5 月对头条用户关于人工智能认知的问卷调查显示，在有效样本 3088 份中，民众了解人工智能的渠道主要是新闻与电影，分别占比达 80.27% 和 37.25%。另外，国民对人工智能的发展最关注的前三个问题都是负面倾向的问题，分别是：哪类工作会先被人工智能取代？人工智能会带来哪些危害？人工智能究竟是否具有法律和道德意识与行为主体？（清华大学中国科技政策研究中心，2018）也就是说，对于很多普通民众而言，他们对人工智能的认知来源相对狭窄，可能来自新闻碎片、日常生活甚至影视作品，很大一部分人很少会接触到人工智能学术领域的知识。因此，这样建立起的认知是有偏差的，正因为如此才会排斥人工智能。毕竟人们对于不了解的事物本就存在惧怕的心理，一旦看到相关负面消息后就会将威胁论无限放大。针对这一现象，政府需要做的是拓宽普通民众的认知渠道，可颁布相关规定，在各大高校、科研机构、文化场所和居民社区等设立有关人工智能技术的知识普及站点，并定期向公众开放，安排专业人员讲解，从而提高公众的文化科学素养，加深他们对人工智能技术的认识，从而缓解因未知而产生的恐慌。

另外，政府也可以通过媒体加大宣传教育。在我国，政府拥有着比其他组织更强的公信力与号召力，因此政府应该充分利用这一特点，以网络、电视、广播、报纸杂志、书籍等为媒介，宣传人工智能的优势，消除公众对其不良印象，从而为人工智能的推广创造一个良好的舆论环境。事实上，没有哪一次科技进步会带来社会的退步，每次出现重大的技术革新与产业革命的同时，总会伴随着大规模失业的流言，但流言终究是流言，从未变为现实。前三次工业革命如此，人工智能技术变革同样符合这一规律，一些岗位消失的同时也会产生很多新的就业机会。就像"贝丁效应"，锄草机的问世剥夺了锄草工人的工作，但因为所开辟的草坪又引发了许多新的就业机会，现如今美国 6200 亿美元规模的体育产业都源于锄草机。

因此人工智能技术最初被应用时可能会挤压人类的就业机会，但随着技术的不断普及与成熟，其将转变为"就业助手"，带来更多的就业机会，创造更多的社会财富。与短期所造成的失业问题相比，发展人工智能所带来的积极影响是无法估量的。政府要将这一观念潜移默化地注入公众的意识，帮助他们客观地面对人工智能，促进人机共处的友好模式的发展。

2. 构建良好的法律环境

如果一项新事物想要长久运行，就必须有科学合理的框架对其行为进行规范。我国政府一直强调依法治国，其基本要求是"有法可依，有法必依，执法必严，违法必究"。但目前我国存在的问题是缺少人工智能领域的法律条文，随着人工智能技术应用的持续社会化，其所引发的现实法律问题对现行法律体系造成了多方面的挑战，在处理人工智能相关的问题时出现了无法可依的现象。

目前常见人工智能事故主要集中在以下几个领域：交通运输领域，包括无人驾驶和智能行程导航错误而引发交通事故；医疗领域，包括手术机器人与智能医疗诊断不当而造成的医疗事故；金融领域，包括智能股票操作与智能投资顾问导致金融市场秩序混乱与经济损失；商业领域，包括智能商品推荐与智能搜索带来的假冒伪劣商品流通；安防领域，包括智能识别与智能家居（摄像与监控）而引发的数据泄露、隐私曝光问题；安全领域，包括各类机器人失控而造成被侵权人死亡的情况；知识产权领域，包括机器人所创造的作品价值归属权的界定问题；劳动领域，包括机器人的休息权与收益权的争论问题等（娄斌，2017）。

以上问题涉及方方面面，对民法、刑法、劳动法、知识产权法等法律条文均带来质疑，冲击了原有的部分法律传统内涵与责任界定。

（1）人工智能对现行法律体系的冲击。

一是法律主体的认定，是否赋予人工智能"电子人格"？人工智能虽然是为了更好地服务人类而被创造出来，但是随着技术的进步与人类文明的发展，人类可能会赋予人工智能部分权利。另外，对于人类而言，不同年龄的行为主体违背法律后所受到的惩处程度是不一样的，未成年人往往会受到法律的特殊保护。如果人工智能拥有了电子人格，那么又该怎么评价其智能程度，从而对应出人工智能的"年龄"呢？这些问题就使法律判定变得更加复杂。在此以无人驾驶汽车发生交通事故为例，在自动驾驶模式下，自动驾驶汽车是否能作为一个独立的主体被认为是事故主体？对于这一问题，德国《劳动法》强调自然人才可以被看作是劳动力，也就是说否定人工智能的法律主体地位，但是美国国家公路安全交通管理局（NHTSA）在 2016 年赋予无人驾驶汽车虚拟有限的法律主体资格。这也从侧面表现出从全球范围来看，各国人工智能立法缺乏统一标准。

二是责任主体的界定，如果人工智能并没有被赋予"电子人格"，但其确实参与了事故环节，此时不具备法律主体地位的机器是否需要承担责任？其背后的生产者、使用者与监管者又该承担怎样的责任？同样以无人驾驶为例，不幸发生事故后，自动驾驶汽车以及与其相关的生产者、销售者以及使用者又该分别承担怎样的责任？如果人工智能被赋予了"电子人格"，承担责任的比重必定会发生变化，此时又该如何问责？这一问题目前也并没有明确的法律可以参考。

三是法律与道德的权衡问题。人工智能普及之前，法律与道德的冲突的评判准则多掌握在法官手中，所涉及的矛盾冲突也是在事故发生之后，但是进入人工智能时代后，这种权衡标准实际上交给了人工智能技术系统的研发者，同时其时间也转为事故发生之前。同样以无人驾驶为例，当驾驶车辆发生事故后，车辆内有一名乘客，而外界有 10 名过路人，此时需要优先保护乘客还是外界其他人？根据目前主流设定，考虑到乘客与使用者向自动驾驶的车辆支付经济费用，因此要优先保护这一部分人的权利。但是这种观念是否符合社会一直宣扬的道德观，是否是一种歧视经济弱者的表现？这个问题的实质在于利益选择，如何去权衡道德与法律的冲突也成为必须面对的问题。

（2）加速推进人工智能立法的进程，为人工智能的有效发展提供科学的法律保障已是迫在眉睫的问题。但是值得注意的是立法具有复杂性与长期性，我国很难在短期内出台一套完整有效的人工智能法律。因此，在推进立法进程的过渡时期，我国可以主要从以下三方面进行准备，采取措施，做好过渡期的法律工作。

一是制定人工智能领域原则性的法律法规。例如，微软已经提出人工智能的十大原则从而保证正确的发展路线，谷歌则提出人工智能五大原则，美国 2017 年的 Beneficial AI 会议确定了人工智能的 23 个发展原则。对此，我国也应该参考国外先进理念与经验，出台原则性的法律法规，尽可能减少甚至避免过渡阶段人工智能对法律的冲击。

二是积累精通法学、人工智能、心理学、哲学、计算机学等多门学科的复合型法律人才。面对人工智能的变化与挑战，传统的法学人才可能无法深入了解，制定出适合我国国情的法律。这就需要了解人工智能领域的新型人才参与立法，因此需要在过渡期做好教育培训与人才储备。

三是对从业者进行广泛的法制教育。目前人工智能领域的从业者数量持续上升，从业者的道德意识与法律意识对人工智能发展进程至关重要。因此，我国政府需要加强宣传教育，提高人工智能从业者的道德意识与法律意识，并针对不同岗位的人员进行专门的法律培训，在日常生活中渗透正确的法律观念，培养人们遵纪守法的习惯，从而降低人工智能犯罪率。

3. 加强对人工智能行业的监管

营造良好的人工智能发展环境需要多方面的努力，如果说消除大众的技术恐慌是前提，完善法律规范是基础，那么加强智能市场监管就是关键。人工智能的发展是机遇但同时也含有挑战。随着科技的不断发展，涉及的领域越广，对社会带来的影响的不确定性越强。只有加强对人工智能行业的监管，才可以引导这项技术按照人们所期盼的积极方向发展。目前我国甚至国际上都缺乏对人工智能产品从设计到使用的一套特色完整的监管体系。这一漏洞使部分不合格的人工智能产品流入市场而造成事故，后期所带来的危害是巨大的。不仅对部分人工智能产品的使用者带来经济损失或人身伤害，更是扩大了人工智能的负面影响，加重了大众对人工智能的抵触与恐慌心理，并给现行法律体系带来冲击。因此，相关部门急需加强人工智能行业监管，为人工智能的未来发展打下良好的基础。

（1）对人工智能产品的性能与安全性进行监管。国家在确认与检测人工智能产品合格度时必须保证标准与方法的制度化，需要出台统一的人工智能产品质量标准，确保人工智能按照计算机算法科学运行，为相关监督人员提供权威的依据，帮助其提高出厂产品检验的质量与效率。同时监督部门需要对产品流通后可能出现的风险进行理性预测并及早研发预备方案，从而降低甚至消除可能发生的社会风险。以自动驾驶领域为例，美国加州车辆管理局在2015年专门提交了监管草案，内容是自动驾驶汽车在使用过程中可能发生的问题。根据该草案，自动驾驶汽车行驶时必须配有一名有驾驶资格的驾驶员，同时自动驾驶汽车需要保留传统汽车的基本设施从而避免汽车失灵后所发生的事故。我国监管部门也可以借鉴美国的做法，预防人工智能所造成的危机的发生。

（2）对生产者、销售者及使用者三方行为进行监管。对于人工智能产品的生产者、销售者和使用者三方进行监管，尤其是对其伦理道德底线进行监管。如果生产者怀有不正当的目的来制造人工智能产品，那么人工智能产品最开始的设定的程序是就"恶"的，所带来的结果是很可怕的。比如人工智能生产者专门研发杀人机器，那么将会带来灾难式的后果。同样地，如果销售者为了获取利益而将人工智能产品转手卖给犯罪分子，或者犯罪分子利用人工智能进行犯罪，都会破坏原有的社会秩序，对公民的正常生活带来损害。对于这一点，监管人员有时很难真正同步监测相关人员的内在想法与隐秘措施，因此我国可以逐步推行人工智能透明化、即强调算法透明化、买卖透明化，消除道德危机与公众的不信任，从而满足公众监管的需求。

（3）明确监管的主体。由谁来监管是另一个需要明确的问题。考虑到人工智能行业高技术含量的特点，应以行业自行监管为主体，政府监管为辅助，公众监管为补充，三管齐下，相互作用。也就是说，由多个领域品德优良的人工智能专家组建人工智能行业协会，配合监管部门对技术方面进行专业性、权威性的监督管理，维护行业利益的同时，更加保护公民的利益。同时也要组建政府的监管部门，对生产者、销售者及使用者的行为规范与道德准则进行监管，并且当发生事故后，政府监管部门需要到现场勘探并收集资料，确定责任归属，以保证公平性与公正性。至于公众，政府应大力鼓励公众参与对话，促进大众与人工智能的互动，更加了解人工智能的相关知识，帮助消费者在使用人工智能产品后对其进行更有效的监督管理。

8.2.2 打造适应新环境的就业政策

在培养适合人工智能生存发展的良好环境的过程中，人工智能技术将会高速运行与发展，而这一变化可能会大幅度改变原有的就业结构。此时传统的就业政策就不能满足新的环境需求。具体而言，首先需要解决的明显矛盾是：当一部分就业岗位被人工智能机器所替代时，原有的岗位工作者该何去何从？我国目前是否拥有足够的专业人才来满足劳动力市场对人工智能不断上升的需求？想要解决第一个问题，最基本的政策方向应是提供足够的岗位，为了实现这一目标，可以从两个方面入手：一是创造更多新的就业岗位，二是保留一部分原有岗位。至于第二个问题则对目前我国的人才培养体系提出新的更加严格的要求。

1. 创造更多新岗位

一般而言，世界强国的崛起存在"科技强国—经济强国—政治强国"的轨迹，有人说，人工智能相当于 21 世纪初的"太空竞赛"，其所潜在的政治与经济利益是巨大的。其技术突破不是一朝一夕，需要前期大量的投入与长期的准备，但是一旦我国成为真正的人工智能强国，将会创造新的经济引擎，重塑生产、分配、交换与消费各个环节的需求与供给，催生新产品、新产业、新就业。"风物长宜放眼量"，因此目前我们必须将目光放长远，进一步推动人工智能的发展。

（1）科学全面的战略布局。为了进一步推动人工智能的崛起，我国应在国家战略层面，继续推动人工智能发展的顶层设计，推动人工智能发展的科学全面的战略布局。

自 2013 年起，以美、英、法、德、欧盟、日、中为代表的人工智能强国都发布了具有纲领性作用的人工智能发展文件。其中，美国发布了《为人工智能的未来做好准备》《国家人工智能研究与发展战略计划》《人工智能、自动化与经济》《人工智能白皮书》等（清华大学中国科技政策研究中心，2018），其以独特的预见性与全面性主动出击，积极面对人工智能所带来的新变化，从而保证本国人工智能繁荣发展的大背景下依旧拥有科技优势。

我国在人工智能领域与美国的战略部署重点并不一致，如果说美国的政策重点在于如何长期应对人工智能技术所带来的变革，我国则偏向应用层面，主要在计算机视觉、智能机器人等几个重点领域发力，虽具有技术优势，但是总体布局并不合理，与美国的"全面发展"相比显得有些"头重脚轻"。另外如果仅仅集中于几个固定领域，并不利于人工智能的大面积推进，新增加的就业机会必定是有限的，难以满足就业需求。因此国家在进行战略布局时必须注重全面性与连续性。我国自 2013 年开始颁布关于人工智能的文件，初期主要关注互联网领域，并没有把人工智能单列出来，对其关注度略低，其中具有代表性的是《国务院关于推进物联网有序健康发展的指导意见》《国务院关于印发〈中国制造 2025〉的通知》《国务院关于积极推进"互联网＋"行动的指导意见》《国务院关于印发促进大数据发展行动纲要的通知》等，以上都是在大布局中分出一个模块专门讲解人工智能战略。一直到被媒体称为"人工智能元年"的 2017 年，我国发布《国务院关于印发新一代人工智能发展规划的通知》，在国家层面对人工智能进行系统全面的布局，强调人工智能对我国经济、科技、社会的重要性，并对未来人工智能产业发展提供纲领性的指导。今后我国也必须立足全球视角，继续保持人工智能国家重要战略的地位，根据国内外环境变化优化人工智能系统布局，促进人工智能技术突破与产业发展，解决就业危机。

（2）推动人工智能产业化发展。为了创造更多的就业机会，人工智能不能仅仅停留在技术应用层面，我国必须进一步壮大人工智能产业，为国民经济注入新的活力。

第一，产学结合，增强实力。在推动人工智能产业化的进程中，增强企业核心竞争力是全局的关键。我国的人工智能企业数量目前仅次于美国，远超排名第三的英国，而全球人工智能企业排名前 20 的城市中我国占有 4 个，北京成为榜首。从表面上看，我国的人工智能企业很有优势，但是实际上我国这一部分企业所掌握的核心技术与基础硬件较少，与国外领先企业相比还有一定差距，其专利申请远落后于其他国家。阿里巴巴、百度、腾讯等企业，专利与论文依旧是短板，而同期的 IBM、微软等却是全球人工智能领域专利的主要申请人。在全球人工智能领域专利申请数量最多的前 10 个企业中，我国仅仅有 1 个名额。与企业相对惨淡的情景相反的是，我国科研机构在近 20 年里一直都是世界人工智能论文产出的重要力量之一，并出现了中国科学院系统、法国国家科研中心与美国加州大学系统构成三足鼎立的良好局面。

面对这一现象，我国政府应该大力推动产学结合的进程。我国企业与科研机构合作的论文仅有 2.55%，而美国、英国、法国等都在 6% 以上，这一对比从侧面也在警示我国加快这一进程的迫切性。毕竟专利与论文象征着最先进的技术，一旦企业掌握核心技术，就可以拥有较大优势，在带来更大的经济利益的同时产生更多的就业机会。要将科技研究成果突破大学与科研机构的层面，科学融入产业，转化为经济增长点，创造更多新产业和新岗位。

第二，理性投资，科学安排。我国政府要进一步规划资金投入计划，合理投资，将资金融入最需要的行业与企业。近年来，在《新一代人工智能发展规划》的支持和推动下，我国人工智能企业快速发展，截至 2019 年，我国共有 745 家人工智能企业，数量位居全球第二。根据合合信息科技股份有限公司旗下启信灯塔数据研究中心与上海和诚创芯企业管理咨询有限公司联合发布的《人工智能（2010—2021）行业发展研究报告》，2010—2020 年我国人工智能企业融资总额达到 3 万亿元。扩大投资规模有利于人工智能产业的发展，但人工智能产业作为一项全新的领域，需要大量的人力与财力进行开发与后期支持，各企业在投资时不能只紧盯人工智能产业背后的高额利润而忽视自身实力与前期投入。对此，政府必须做好市场监管的工作，维护市场秩序，提高人工智能产业市场准入的标准，从而使企业在投融资时量力而行，避免"一哄而上"。

另外，政府在制定税收政策时也要制定科学合理的税收优惠申请条件，严格检测申请优惠政策的企业的条件，对于满足要求的人工智能产业或项目予以连续的、稳定的优惠政策，推动人工智能产业的进一步发展。

第三，新旧结合，智慧农业。我国在推动人工智能产业的过程中，不能仅仅将目光停留在开设新行业上，人工智能与传统行业的结合，应该成为未来人工智能技术开拓的新方向。其中，农业作为最基础最主要的传统行业，蕴藏着不可估量的经济利益与发展空间，智能农业应该成为我国政府人工智能战略布局的一个重点。

作为典型的农业大国，我国以世界10%的耕地与6%的淡水养育着世界20%的人口。当然，这并非体现我国农业生产的高效率。恰恰相反，我国农业存在着资源利用率低、土地产出率低与劳动生产率低的"三低现象"。一是因为我国地形复杂，很多地区的地质气候不适合耕种，土地产出少。二是因为我国从事农业的劳动力多为留守老人，青壮年一般因为低效益而选择外出打工。三是农业设施较差，农业生产效率低。

对此，发展智能农业，推动我国农业生产的智能化、网络化、精细化、标准化已经成为未来农业健康持续发展的必经之路。智能农业所带来的"无人化"与"智能化"可以解放一大批年纪较高的劳动力，减少不必要的体力支出，提高农村老人的生活质量，同时在智能农业机器的研发、制造、检测、销售、使用以及售后维修的过程中又会创造众多新的就业岗位。值得注意的是，我国农业处于基础地位，各地对农业智能机器的需求相当大，且不同地区对此也提出多样化的需求，这就决定了智能农业所带来的就业机会是巨大的。因此，全面推动智能农业应早日提上日程。

智能农业实际上是智慧农业的一个更高阶段，除了重点的智能生产，从广泛的意义上讲，还包括农业电子商务、农业智能运输、食品防伪溯源以及农业信息服务等多方面，在种类上涉及农林牧渔各个方面。换言之，智能农业以无人化为主要特征，在大数据、人工智能与物流网等基础之上整合农业资源，将信息技术融入农业生产、管理、经营以及服务的各个环节。关于生产，主要可以分为以下几个阶段，即前期的选种育种、气候预测、土壤分析及改善；中期的病害虫管理、营养配置、自动产收；后期的电子销售、物流优化、自动运输以及售后管理。也就是说智能农业实际上可以构成一条完整的产业链，真正实现农业的自动化。

与此同时，我国目前相当缺乏兼具专业农业知识与人工智能技术的复合型人才。对此，我国政府必须重视智能农业的发展，加大资金投入力度，出台科学合理的优惠政策，鼓励更多有实力有想法的企业加入其中，充分调动市场的力量。同时也要加大对农业教育的投入，革新技术设施，改善智能农业的科研环境，力求建设有竞争力的专业人才系统，从而攻破技术难题，推动人工智能在农业领域的大规模融合与应用，解放部分劳动力的同时，创造更多的就业机会，促进劳动力市场的供给平衡与稳定。

2. 保留部分岗位

面对大量的失业群体，仅仅依靠新创造的岗位是无法满足就业需求的。我们不得不考虑这样的一个事实，人工智能对部分职业的取代是阶段性的，培养人工智能人才也是有限制的，并不是所有人都适合通过教育再培训后进入新的岗位。人工智能技术发展至每一阶段，都会有不同年龄、不同经济条件、不同生活背景的就业者，对于较年轻的与条件较好的就业者而言，这部分群体比较容易接受新鲜事物与再教育，更容易步入新的就业体系，实现个人价值。但是对于年龄较大的、条件较差的就业者而言，很难再掌握足够的新知识，即使进入新的就业培训系统，可能也很难适应新工作的变化。因此，对于这部分再就业的弱势群体而言，如果仅仅开创新的就业岗位，在一定程度上相当于抹杀了他们的就业机会。因此我国在推进人工智能就业的过程中必须保留一部分工作岗位。

（1）保留部分岗位，提供更好服务。我们需要结合人工智能的特点，对现行经济形势进行探究与分析，最终决定未来岗位的去留。不难发现，人工智能的发展总伴随着人力成本的减少，在"机器换人"的强烈攻势下，无人经济快速发展，"无人化"的特点逐渐显现，并完美融入消费的众多环节。在传统便利店，员工成本普遍占销售额的 10% ~ 12%。而无人零售模式的推广，让一名员工就能同时管理 10 ~ 20 家无人终端店面，在有效控制成本的基础上，也更利于品牌运营商的连锁经营，让行业毛利率大幅度上升。除了无人便利店之外，我国目前的无人服务的提升还体现在以下几个行业：健康行业，包括自助健身房、无人按摩椅等；娱乐休闲行业包括无人迷你 KTV、照片打印机、电玩城等；便利生活类行业包括自助洗车、自助报亭、自助餐厅等。当然我国的无人经济依旧处于早期发展阶段，随着人工智能技术的不断成熟，其所覆盖的层面必将大面积扩大，所取代的岗位数量也会随之迅速增加。事实上，无人业态确实提高了效率，也在很大程度上便利了人们的日常生活。但是万物皆有两面性，人工智能技术推进的同时也造就了"温度的消失"。科学的智能设备确实能帮助人们完成消费的全过程，但是不能代替实体经济所带给人们的消费体验，即实体服务的"温度"。针对该现象，第十九届中国零售业博览会推出了"Hi-shop 未来体验区"，提供了"有人店 + 黑科技"的发展方向。这也提示在未来岗位设置时注意"温度"的守护，在引进人工智能设备的同时保留部分传统岗位，可以减少店员相对烦琐的工作，使店员有更多的精力与时间来给顾客提供更优质完美的服务。同时，这也为那些"数字贫穷者"以及"再就业弱势者"提供就业机会，解决我国劳动市场中一部分遗留的就业问题。

（2）保留部分特殊岗位。我国政府在决定传统岗位去留时，除了保留那些不能被人工智能替代的岗位，也要保留一部分"特殊岗位"，保证我国一部分"特殊失业群体"可以再就业。所保留的这些岗位通常技术含量低，不需要掌握太多人工智能技术以及其他专业知识，主要与人打交道，需要常与人沟通。

比较有代表性的岗位有服务员、售货员、校车司机、社工等。当然这里说的保留仅是指不取消，科技的进步必定会减少其工作量，因此同样的职业可能需要的就业者数量不同，而未来需要的数量必定少于现在。对此，政府应该根据不同阶段的失业人数进行调整，但是要尽可能多保留一些符合条件的传统岗位，吸收更多的失业群体。

（3）通过政府管控来减缓失业速度。保留部分岗位的另一种实现方式则是通过政府强有力的管控实现失业速度的减缓。人工智能代表着未来的先进生产力，是未来经济增长、生产力发展的重要推动力，人工智能投入生产领域代替部分劳动力是必然趋势，而减轻由于失业造成的社会问题和解决失业本身对于社会的安定、人民的幸福、经济社会发展的可持续也至关重要。

由于人工智能在不同领域的投入使用不是同步的，其投入使用和其持续产生影响期间（人工智能在被使用后一段时期内从开始替代到完全替代该行业劳动力的时间）政府可以通过颁布相关政策来避免当人工智能在多个领域同时投入使用时所造成的大面积失业，这样就可以将失业人口条目细化并逐步解决，减缓人工智能整体替代劳动力的速度，减轻由于失业造成的社会问题。

3. 构建再就业培训体系

人工智能迅猛发展所带来的技术性失业和结构性失业必定会淘汰一部分就业者，而这部分就业者失去工作并不是因为品德或素质问题，更多是因为岗位技能要求的变化。因此，我们应重视因岗位技能要求的变化而失业的这部分群体，为其提供及时、规范、系统的再就业培训机会，以帮助更多的失业者重新就业。构建及时、规范、系统的再就业培训体系需要从以下几个方面入手。

第一，原企业应加强失业风险防范建设，提前做好有可能被影响的劳动力的就业服务。政府可以给企业提供税收优惠政策，鼓励企业提前对可能失业的企业员工进行劳动技能培训，以保证当企业大幅度引进人工智能技术后，企业可以顺利实现人员转岗，尽可能避免大面积裁员的情况。

第二，行业工会应建立终身学习与培训的系统，对可能失业的劳动力进行不定期的职业培训，从而避免因技术进步而带来的大面积失业，保证劳动力市场的稳定与长久。在面对人工智能大面积应用所造成的失业时，容易被替代的岗位的行业工会与新型岗位的新建行业工会之间应友好合作，互相交流，推动资金流动与技术交流。

第三，政府主导建立全社会范围内及时、规范、系统的再就业培训体系，需要政策支持、资源投入、机构建设、技术应用和评估机制的有机结合，以促进劳动者的再就业和职业发展。一是政策支持和规划设计。政府应制定相关政策，明确支持再就业培训，并建立全面的规划设计。其中包括制订详细的培训计划，规范培训内容和课程设置，确保培训与实际需要相适应。二是资源投入和整合。政府需加大对再就业培训的资金投入，建立健全的资助机制，提供相应的财政资金支持。同时，加强不同相关部门之间的合作与整合，发挥各方资源的协同效应。三是培训机构建设和师资培养。政府需引导和培育一批专业的再就业培训机构，提升其培训能力和教学质量。同时，加强对培训师资队伍的培养和建设，确保培训师具备专业知识和教学技能。四是智能化技术应用。政府可以推动智能化技术在再就业培训中的应用，如人工智能、虚拟现实等技术，以提升培训的效果和体验，实现在线学习和远程培训。五是动态调整和评估机制。政府应建立动态调整和评估机制，及时了解培训需求的变化，调整培训计划和内容，确保再就业培训体系能够与市场需求保持一致。

4. 鼓励个性化产业发展和创业

当操作难度低、重复性强的职业逐渐被人工智能霸占时，个性化领域对于劳动力而言变得至关重要。个性化是人工智能难以替代的，甚至也是人工智能难以理解的。梵高的《向日葵》、莫扎特的《安魂曲》等艺术形式，各种刺激味觉的烹饪方式等都是源于个人感官、个人思想和民族文化的，人工智能对于相关内容是难以理解、难以替代的。政府采取措施可以鼓励相关艺校、职业技术学校中个性化学科的发展，增加该类学科教育资源，促进培养相关学科人才，支持相应的艺术形式发展成相关产业。比如创意料理店、发型设计、画展、音乐表演、话剧等，鼓励相关行业自主创新模式，促进文化形式向产业化方向发展，以促进就业。

　　创新创业是经济可持续发展的重要动力，我国近年来推动"大众创业，万众创新"，由劳动力自主创业不仅可以减轻政府组织安排就业的压力，还有利于推动我国科技进步、经济发展和新兴产业的出现。未来人工智能产业的创新可能成为劳动力自主创业的重要方向。人工智能的发展虽然抢占了一部分劳动力的就业机会，但却也开辟了新的产品市场，形成了新的产业链，产业链中任何环节都会有相应的就业机会和创业机会。政府应采取措施降低创业门槛，给予劳动力自主创业的物质和精神支持，营造良好的创业环境。

5. 鼓励被替代行业新的职业岗位的创造

　　人工智能的投入虽然抢夺了某些行业内劳动力的就业机会，但是这些被人工智能侵入的职业不会全部消失，特殊的环境会使千篇一律的人工智能难以作出恰当的反应，而为了处理这些人工智能难以解决的"特殊问题"和由于人工智能的使用所演变出来的使用、维护等问题，就需要人工来处理，且由于整个社会大规模数量的累积，这些工作很可能演化为新的职业。

　　第一，本行业中工作岗位质量要求改变的情况。比如翻译行业。人工智能的词库人工难以匹敌，其深度学习能力也非常强大，但由于地域特征和个人独有的特征，总会有些方言或者谚语人工智能难以理解，在我国"话中有话"的情况比较多见，比如毛主席在访问苏联时说"要搞一个既好看又好吃的东西"，连苏联的人工翻译都无能为力。再比如新闻撰稿领域，现在一些报纸杂志企业已经采用人工智能撰稿，在一件实事发生后的几分钟内，人工智能便能迅速作出反应，在短时间内给出一篇"措辞严谨"的新闻稿，固然这样方便，可是毕竟这样的文章格式难免千篇一律，缺乏一些人性化的观点，在各方面趋向于个性化的未来太格式化的文章会缺乏受众，而机器又难以到达灵活措辞、评判性强的程度，这就需要人工来修补，创作出高质量耐读的文章。以上属于本行业中工作质量改变的情况，这种情况下工作者的任务没有发生改变，但对其工作质量确实提高了要求。这种情况需要政府提供再教育机会，并保障劳动力再教育时期的收入水平和再教育后拥有的就业机会。

第二，本行业中工作岗位任务要求改变的情况。工厂车间中的工人当生产工作被人工智能替代之后，他们可能需要做另外的工作，比如承担机器检修等任务，而这些任务的完成需要具备相应的专业知识且要求一定的工作经验，这就是行业内的工作任务转变。这种转变对于劳动力再培训的要求就会更高，再培训的时间就会比较长，成本也会比较高，需要政府提供相应的保障措施才能实现这些劳动力的职业转型。

政府应该积极发现寻找一些未来有可能被创造出的新职业，并进行专业的评估，政府对达到评估标准后的职业要给予重视，进行科学的职业试点，鼓励企业先行探索该职业的发展模式，完善相关的职业结构。并且为适应这种新职业，教育和培训也要适时改变，合并、新建一些与这些职业相符的学科专业，为这些职业提供定向的人才支持。新职业的出现在政府的充分重视下可能会迅速得到完善和发展，能够有效缩短一个职业的发展时间，使一个新职业迅速成长，为劳动力提供更多的就业机会。

8.2.3　完善劳动力市场保障政策

每一次技术革命都会有受益者也会有受损者。人工智能发展所创造的岗位与经济效益是有限的，并不能完全容纳所有因此失业的群体，即使有足够多的岗位，一部分人也无法胜任新的岗位，依然会沦落失业的境地。而失业往往意味着贫穷，大范围的失业将带来经济和社会的动荡。基于此，我国应出台相应的社会保障政策，保障因人工智能发展而失业的群体的基本生活与需求。

值得注意的是，人工智能技术革命是一个长期的、动态的过程。在不同的发展阶段，其所涉及的主要矛盾也不一样，因此不同阶段社会保障政策的重点也不一样。

1. 人工智能发展初期的社会保障政策

在人工智能发展的前期，我国的社保政策的重点应为经济支持。在这一时期，生产力虽然大幅度提高，但人工智能的发展和应用创造的就业岗位不足以弥补人工智能替代的就业岗位，出现人工智能导致的失业群体，一部分综合素质较好的失业人员可以通过参加劳动技能再培训重新上岗，另一部分条件差一些的群体可以申请特意保留的特殊岗位。但是保留下来的岗位是有限的，而人工智能发展前期波动较大，因人工智能而失业的人员数量要远超再就业的人员数量，那么剩下的这部分失业人员往往是依赖体力劳动来获取生活资源的，在人工智能技术大爆发之前，由于各种原因可能很少接触高新技术的学习。这部分人员一旦被人工智能技术边缘化后就很难再进入就业体系。同时，人工智能技术作为一种高新技术，前期必定掌握在少数人手中，由此带来的大量财富也就相应地掌握在这部分群体中，如此将会带来更加严重的财富两极分化。

面对这一现象，我国就需要建立新的收入再分配政策，进行社会财富的重新分配。需要明确的一点是，此时对失业人员的物质补给并非一种施舍，而是这部分人为人工智能作出牺牲后应得的补偿。

第一，建立新的劳动福利制度。具体来看，我国在人工智能技术革命前期，需要建立新的劳动福利制度，主要面向的对象就是人工智能时代永久失业群体，或失业后正在等待再就业的这部分群体。不仅要提供物质补助，同时也要提供住房、医疗、教育、法律等方面的帮助，保障这部分人员及其家庭成员的基本生活并不会受到失业的巨大冲击，同时更要大力推动劳动技能的培训援助，尽可能地增加再就业群体数量，避免出现因为失业而产生的社会风险。

第二，完善失业保险制度。在劳动力失业到再就业中间的过渡期，政府有责任和义务保障失业人员的基本生活水平，这就要求建立健全的失业保险制度。失业保险制度一般是国家通过立法在全社会强制实施的，对于因失业而导致无法保障基本生活需要的人群提供物质帮助的制度。该最终目标是促进失业人员都可以再就业（杜阿维，2011）。

当前我国的失业保险制度还存在着诸如失业保险覆盖率低、失业保险体系结构单一、失业保险的立法层次低、失业保险的管理体制不顺、失业保险基金面临结余、失业者的资格条件审核不够严格以及培训指导能力弱等问题（黄娅，2010）。我们要积极面对不足，科学合理地解决失业保险中存在的问题，如加强失业保险的立法工作、明晰失业者资格条件、合理处理保险金使其能满足失业者的基本生活状况。合理的失业保险制度对应对未来人工智能的冲击是至关重要的。

2. 人工智能发展中后期的社会保障政策

随着人工智能技术的不断成熟，越来越多的岗位将会被智能机器部分或全部替代，同时越来越多的人将会失去工作。此时为了避免"无用阶层"的出现，政府这个时期所推出的社会保障政策重点将落在心灵安顿层面。其间，技术发展差异带来的收入差距已经不复存在，但是由于技术替代人们工作的减少会造成人们的心灵失落会越来越多。

人工智能中后期社会保障政策重点在心理层面。当人类社会步入人工智能发展后期，生产力水平已经达到高度发达的阶段，社会所提供的物质财富相当丰富，可以支持社会成员按需分配、合理消费。同时按照前期的政策导向，此时的收入分配制度将趋于完善，已经能够实现人类共享社会财富的目标。另外，人工智能机器对岗位的取代，使人类失去工作的同时也获得了更多闲暇时间，按照马克思的观点，人的自由在一定程度上就是人的可支配闲暇时间的增加。因此，在这一时期，人们虽然失去了工作，但却获得了自由。

此时人们虽不再为物质短缺而担忧，但可能会出现新的问题。在这一时期，人类的闲暇时间大幅度增加，精神活动的丰富程度则显得越加重要。在智能机器完成了大量的工作后，人类若不想成为"无用阶层"就需要不断学习，利用闲暇时间做一些机器无法胜任的更加高级的事情，满足自身的精神需求。一般而言，人工智能无法触及的是与道德情感、文化艺术、创意思想相关的领域，而这一部分也将成为人类丰富个人精神世界的主要领域。

8.2.4　促进高等教育变革

随着人工智能技术变革浪潮的到来，当前的高等教育体系需要进行审视。目前的高等教育体系更像是一种年轻化、一劳永逸的技能提供体系。当面临迅猛发展的技术浪潮时，这种高等教育体系已经不再充分，亟待变革。人工智能时代对劳动力提出新的技能要求，而这一要求又直接传递到肩负主要人才培养使命的高等教育中去。高等教育是一种专业性较强的教育，它在完成中等教育的基础上，通过高层次的学习、教学、研究和社会服务培养高级专门人才。从以往技术革命影响高等教育变革的历史来看，高等教育学科专业布局调整不可避免。随着人工智能时代的到来并深入发展，高等教育将会发生更为深刻而广泛的变化。

人工智能对劳动力巨大的替代效应正在倒逼高等院校布局人工智能学科建设。为了更好适应时代的发展变化，促进劳动力转型升级和新型劳动力的培养，自 2017 年至今，我国相继发布了《新一代人工智能发展规划》《促进新一代人工智能产业发展三年行动计划（2018—2020 年）》《高等学校人工智能创新行动计划》等国家级战略，以期在宏观层面指导和推动高等教育中人工智能领域的发展。

目前，我国越来越多的高校开设了人工智能专业。根据零壹智库 2022 年 4 月发布的《中国高校人工智能专业及研究机构大全》显示，目前国内先后已有 4 批共 438 所高校设置了人工智能专业，占 1272 所本科高校的 34.4%。首批学生即将走向就业市场。

高等教育作为高水平人才最主要的培养载体，在人工智能蓬勃发展的今天，无疑面临着新的挑战。人工智能本身具有不同于以往技术的复杂性和综合性，对劳动力市场的影响是复杂且多层次的，高等教育所需要进行的变革不只包括人工智能专业人才的培养，还应该涉及所有专业领域。这要求在高等教育的变革中，要有大局观和整体观，对高等教育人才培养模式进行系统性变革。这不仅有利于我国高等教育质量的提高，同时也是我国接轨并引领人工智能时代人才培养的必然选择。具体而言，我们应从以下几个方面促进高等教育变革。

1. 及时更新高等教育人才培养理念

人才培养理念的更新，是高等教育变革的先导性环节，在高等教育人才培养过程中起着牵一发而动全身的重要作用。人工智能时代亟须培养兼具科学素养和人文素质的复合型人才，并且将当前我国高等教育的专才培养理念转变为"专业＋通识"式的培养理念。

此外，在我国现实教育体制下，教育行政部门所发布的高等教育政策规划对高等教育的发展影响极大。因此，人才培养理念的更新还需要高等学校、政府和市场三者共同作用。具体来讲，可以采取以下几点措施：首先，各级政府及其教育部门应当立足于人工智能时代的实际需要，充分结合我国国情，同时借鉴发达国家的经验，及时调整高等教育人才培养的理念；其次，企业应当通过各种招聘渠道和平台，向高等教育机构传递人才需求，为政府更新人才培养理念提供市场支持。最后，高等学校可以结合自身办学特色，综合考量宏观政策和市场需求，从教学内容、结业指导规划、学科专业设置、课程体系建设等方面更新人才培养理念。

2. 推动校企合作

企业是推动人工智能行业发展的重要力量之一，尤其是一些顶尖的人工智能企业，这些企业具有很强的科研能力以及科研成果转化能力。这不仅有利于促进我国人工智能人才的培养，同时也有利于科研水平的提高，促进产学研融合。一些西方发达国家已出台有关措施，以促进学术界与产业界的合作。2018 年 9 月，谷歌公司和法国巴黎综合理工大学联合开设了"人工智能和高级视觉计算"讲座。2017 年 9 月，富士集团与巴黎综合理工大学合作建立了"人工智能卓越中心"，投资开发人工智能技术。积极推动高校与企业合作有助于更好地为高等教育研究提供市场引导，同时也是促进高等教育科研成果转化最有效的途径。我国目前已经有少数企业认识到推进人工智能领域校企合作的重要性，百度与西安交通大学建立了以大数据为基础的人才平台，并与中国科学院大学签订了《百度－中国科学院战略合作框架协议》。人工智能产业聚集区（例如北京、深圳、武汉和杭州）推进高校与大型人工智能企业的合作，发挥企业的市场导向作用，有利于高校对口进行人才培养，同时也有助于科研成果的快速转化和科研水平的提高，这对企业和高校而言是一种双赢的方法。

3. 建设高水平人工智能研究机构

高水平人工智能研究机构包括人工智能学院和人工智能实验室。人工智能学院是高等学校中培养人工智能人才，进行理论研究的专门机构。高等教育体系人工智能学院的成立，有利于培养更多适合人工智能时代的新型劳动力。

高等教育进行高技能人才培养有赖于人工智能实验室的建设，人工智能实验室可以将计算机技术、生物学、心理学等学科以交互交叉的形式进行研究，在推动新型人才培养以适应劳动力市场的变化方面发挥着重要作用。

8.3　企业的战略选择

随着人工智能的发展，企业将逐渐意识到需要重新设计整个业务流程，以利用人工智能技术迅速发展的好处，而不是仅仅机械地试图使当前流程中某项任务自动化。企业将重新评估人才战略和劳动力需求，考虑如何将工人与新的工作岗位匹配，以及未来在哪里可能需要新的人才。许多企业都会意识到，为未来的劳动力市场培训和储备员工，不仅符合自身的利益，也是承担社会责任的表现。

8.3.1 加快人工智能部署

加快发展人工智能的战略部署是企业在人工智能时代应该优先考虑的事项。企业需要重新考察产业链、供应链、价值链可以进行人工智能战略部署的环节，实现网络化协同、个性化定制、服务化延伸、智能化生产，推动企业生产经营的深刻变革。企业在生产领域的技术变革和商业模式创新将推动企业数字化智能化转型，以积极应对人工智能技术迅猛发展下的动态化的市场。

人工智能的发展带来产品的形式、性能的改变，引发消费者消费观念和消费习惯的改变，进而又导致产品市场和服务市场的更大的变化。如果企业不能够在早期进行人工智能技术相关的部署，就难以顺应人工智能技术发展的潮流而调整企业的发展方向，那么企业在未来就将面临巨大的经营风险。因此，加快人工智能的部署，对技术转型进行积极管理不仅符合整个社会的利益，而且也符合企业自身利益。企业的技术采用计划需要把重点放在人工智能技术创新和相应的主动管理上。作为数字领导者的企业具有相对优势，他们使用人工智能作为工具来创造新产品和服务，生成新的商业模式，并开发新的市场。在麦肯锡全球研究所的调查中，早期采用人工智能技术的企业利润率更高。在零售、电力、制造、医疗和教育领域都凸显出了人工智能在改进预测和采购、优化操作、开发有针对性的营销和定价以及增强客户体验方面的潜力。

8.3.2 重新考虑组织设计

企业传统的组织设计在人工智能时代需要重新调整。这是因为一是企业管理对象发生变化。人工智能技术的发展和应用不会在一夜之间突然发生，但它必将在未来促使企业管理对象发生变化，未来的工作场所规范将是人与人工智能一起工作。人工智能参与企业生产、经营甚至是管理活动，将对企业传统的员工结构及其组织方式产生深远的影响，对企业原有的组织设计、管理规范提出挑战。人工智能将作为一种全新的虚拟劳动力，以员工的身份进入企业内部运营，承担某项工作中的单一任务，甚至是全部的任务。人工智能通常能够充当的职业角色有助理职能、顾问职能和执行职能。助理职能主要是通过分析和处理企业的日常工作为管理者提供支持；顾问职能主要是通过回答和情景模拟等方式协助解决复杂的问题或优化决策；执行职能是独立进行备选方案的评估及决策（黄雪明，2017）。人工智能在这三种职能角色的扮演中将会和人类员工联系越发紧密，这将对企业如何管理人工智能，以及如何协调人工智能和人类员工之间的关系提出挑战。二是要重新设计业务流程以提高生产率。要想从人工智能新技术中获取价值就不能机械地将人工智能技术应用到当前的流程中，而是需要重新设想业务如何运行，要求企业对业务流程和工作流程进行彻底的审视，并评估哪些方面采用人工智能技术能够最大程度地获取利润。由此，才能充分利用人工智能技术的发展提高企业的生产率。

8.3.3 建立核心数字能力

建立核心的数字和分析能力是当前和未来一段时间企业亟须完成的工作。随着信息化深入发展，我们正在经历从管理数字化、业务数字化向产业数字化转变的阶段。数字化不仅促进形成新的产业形态，而且推动传统产业向更高级产业形态转型升级。可以预见，未来大部分产业将成为数字化产业或与数字化技术深度融合，数据将成为企业的战略性资产和价值创造的重要来源。

成功采用最新人工智能技术的企业通常已经具备强大的数字能力。事实上，创建强大的数字基础没有捷径。因此，早期采用人工智能的企业也是数字领域的领导者。企业将需要建立配套的数字资产、大数据和分析能力，这包括建立数据生态系统，采用正确的先进分析技术和工具（Analytics，2016）。建立核心的数字和分析能力的企业能够分析客户数据，充分了解客户需要的商品和服务，并能够了解客户可以接受的价位，为客户提供更精准的服务；能够计算出员工对企业净利润作出的贡献或者造成的损失，并将工资水平与个人业绩挂钩；能够利用人工智能对市场动态进行监控，分析和预见供给和需求的变化，从而保持低库存率，优化资源配置，提高企业竞争力。2014 年一项对 500 家英国企业生产效率的调查显示，对客户和消费者数据的高效利用将使企业获得高出其他企业 8% ~ 13% 的生产效率。麦肯锡全球研究所预测，数据和人工智能系统将使企业盈利增长 23%，生产率提高 26%（Hancock，2015）。

8.3.4　引导管理劳动转型

企业需要调整人才战略和管理劳动力转型，确保所需的人才到位，以便能够适应人工智能的发展带来的市场变化。人才正成为一个差异化的因素。培训、再培训和培养具有实施和操作更新的业务流程和设备所需技能的个人将是至关重要的。仅从这个角度来看，积极管理培训和调动将是企业今后的一项基本任务。在人工智能时代，STEM 人才①和数据科学家将变得越来越重要，并能够为企业提供持久的竞争优势。但是事实上，我们并没有培养出足够的专业技术人才来满足需求。比如在美国，数据科学家的短缺已经出现。因此，企业需要调整人才战略，除了需要积极招募精通人工智能的专业人士，还需要对现有的人才进行培训，帮助他们实现转型，使他们能够完成新的任务。企业需要确定现有的人才、重新部署培训的人才和来自企业外部的新人才的正确组合，以期能够降低获得所需人才的成本，又能够满足企业在人工智能时代的人才需求。

为了满足企业在人工智能时代的人才需求，企业可以与大学和其他教育机构建立合作伙伴关系，为企业现有劳动力提供技能培训，使他们能够完成

---

① STEM 是科学（Science）、技术（Technology）、工程（Engineering）和数学（Mathematics）四门学科的简称，强调多学科的交叉融合。

新的任务，帮助他们平稳过渡，成功实现转型。这种合作伙伴关系使得大规模的在职培训成为可能，而且无须在企业内部创建培训体系，减少开销。随着人工智能技术的发展和广泛应用，未来技术人才短缺加剧，企业需要寻求一个可靠的培养稀缺技术人才的渠道，这种企业和教育机构的合作可能会变得更加普遍。

8.3.5 积极寻求政企合作

人工智能的成功应用需要多个利益攸关方的合作，尤其是企业和政府。

（1）企业和政府可以在数字化熟练劳动力队伍的构建方面合作。人工智能发展带来的数字化转型正在迅速改变对劳动力的技能和任务能力的需求。短期内数字化转型导致了劳动力市场中劳动力供给和需求的技能不匹配和劳动力供给的短缺，这需要在劳动力培训方面进行投资。企业可以收集和提供关于技能需求的数据信息，帮助政府建立技能需求数据库，从而使劳动力本身和教育部门发挥引导作用。比如企业招聘网站占有大量的招聘和求职信息，能够提供技能的需求和技能的供给的比较准确的市场信息。这些信息有助于教育部门的教育体系的优化，也有助于政府辅助劳动力进行的再培训和再就业活动。

（2）企业和政府可以在积极管理技术采用方面共同发挥作用。企业可以优先考虑对企业和社会都有益的人工智能技术应用，在实现企业的商业价值的同时也实现社会价值，比如人工智能支持的员工招聘、评估有利于减少歧视；基于人工智能的新材料、新产品研发丰富了市场；基于人工智能的先进的分析方法提高效率和准确性；利用人工智能技术为卡车和航运路线规划，促进销售和行政成本优化等。在零售业，客户分析和个性化通知系统能够提高零售商的盈利能力，同时价格比较平台也将有利于提高消费者剩余。

8.4 个人的策略应对

人工智能时代个人需要为迅速演变的未来世界做好准备。重塑工作的观念，积极表达和呼吁以推动政府和企业的行动，发挥自己的力量引导技术变迁的方向，为终身学习和职业发展做好准备。

8.4.1 以积极的态度拥抱人工智能

作为劳动力，拥抱而不是抗拒人工智能技术浪潮，这才是积极的态度。在人工智能的大潮中，不是恐慌、抗拒而是以积极的心态去迎接它的挑战，同时享受技术创新带来的利益。比如在引导人工智能技术面向劳动力福利的采用方面，政府和企业发挥着核心作用，但更广泛的个人和民间社会也可以贡献一份力量。比如可以通过向维基百科、百度、知乎等网站提供自己的知识，分享自己的实践，帮助提高技术采用的包容性。

劳动力自身要以开放和包容的心态接受人工智能技术，提高难以被机器人所替代的劳动技能，提高适应新形势下的自我管理能力和创新能力。在面对新技术的冲击下，劳动力首先应该以开放和包容的心态去接纳它、适应它，其次主动了解未来劳动力市场的对各种技能的需求状况和发展前景，明确核心技能，主动提高自身技能水平。在人工智能时代，社会需要的更多是复合型人才、创新型人才和高技能高素质人才，因此劳动力必须清醒地认识到社会现实，把握未来新技术时代劳动力市场的发展方向，自觉提高自身的综合素质和应用技能，从而适应新技术冲击下劳动力市场的要求。

8.4.2 个人努力推动政府和企业的行动

个人通过社交媒体和其他渠道积极地表达观点和呼吁变革，能够对政府和企业形成压力，有助于推动政府和企业的行动。坚持使用人工智能技术改善劳动力福利，并尽可能地利用技术的发展减轻甚至消除技术变革带来的负面影响，这将使得人工智能技术成为良好的工具。另外，对于有害的或不道德的技术应坚决抵制。比如麻省理工学院（MIT）学生乔伊·布拉姆维尼（Joy Buolamwini）创建了算法正义联盟（Algorithmic Justice League）。这是一个由个人发起的倡议，致力于纠正算法中的偏见。

8.4.3 终身学习提高适应性就业能力

人工智能技术在生产过程的大规模使用将带来就业结构调整，导致劳动力市场长期的动态变化。随着人工智能执行更广泛、更多样化的任务，个人将需要更多地专注于开发人类擅长的技能。几乎所有职业的活动都将发生变化，需要更多时间用于需要社交和情感技能、团队合作和协作、创造力以及更高层次的沟通和逻辑推理的活动。在这一趋势下，个人需要高度重视人力资本投资，养成终身学习的习惯，积极进行职场培训，增加自己的人力资本含量，以期能够应对劳动力市场的短期和长期变化。在当今的工作环境中，大多数国家的学生在如何规划职业生涯方面接受的指导和指导不足，对于一个正在迅速发展的工作环境更是如此。最终，将由个人自己来仔细考虑需要哪些技能，以及如何向雇主展示这些技能。因此，应对就业挑战，需要劳动力重视通用能力培养，树立终身学习理念，加强职业技能培训，提高在新技术变革环境下的适应性就业能力。

人工智能在教育领域的应用为个人的终身学习提供了便利的条件。联合国教科文组织 2021 年发布的《人工智能与教育：政策制定者指南》报告指出，有研究预计 2024 年人工智能教育应用市场将达到 60 亿美元。人工智能激发的教育的新形式、新方法，为个人的终身学习提供了便利条件。个人应积极运用人工智能赋能的教育方法，制订个人的学习计划，提升劳动技能，顺应人工智能发展背景下的劳动力市场的变动趋势。

8.4.4 为职业发展做好准备

首先，以创业的心态应对劳动力市场的变化。在人工智能时代，工作的未来瞬息万变，计划一生只有一个雇主的日子已经一去不复返了。所有人都需要采取更具企业家精神的方式，以创业的心态应对职场的变化，将使个人在职业生涯中游刃有余。

其次，为数字求职做好准备。当前为求职者匹配工作和评估技能的数字平台正迅速成为招聘的标准。个人如果要在就业市场上具有竞争力，就必须使用数字平台。在短期内，这意味着投入时间和精力建立个人的在线形象。为了脱颖而出，人们需要展示自己的经验，通过加入小组或发布内容来展示专业技能。没有正规教育背景的人可能通过他们在网上的声誉，通过以前的客户或雇主的推荐，使自己脱颖而出。

最后，考虑新的工作方式。如今，大多数人不仅在整个职业生涯中要与多家雇主周旋，而且许多人正在完全摆脱传统的全职工作。在美国和欧洲，多达30%的劳动力的部分或大部分收入来自独立工作——即自由职业活动、自营职业，或通过迅速扩大的数字零工或共享平台获得收入。超过70%的人说他们更喜欢独立工作，而且他们对工作生活的许多方面的满意度都比那些从事传统工作的人高，这不仅包括灵活性，还包括晋升机会、工作中的创造性和多样性，甚至是收入的安全性。大约有一半的独立工作者用这些活动来补充他们从传统工作中获得的收入。独立工作提供了一个提高收入、开拓新领域的机会。

总之，人工智能的发展不可避免，人工智能可能会迫使我们所有人重新评估工作的基本概念，重新规划个人的职业生涯，重新慎重审视动态变化着的劳动力市场。不管怎样，技术进步迅速，政府政策选择不应拖延，企业应有所担当，个人则积极应对，这就是我们面对人工智能应有的态度。

参 考 文 献

［1］本刊综合．"无人经济"：技术升级背后的服务考量［J］．发明与创新（大科技），2017（12）：8－12.

［2］曹洁，罗淳．劳动力市场极化问题研究综述［J］．劳动经济研究，2018，6（2）：128－142.

［3］陈劲，王焕祥．创新思想者：当代十二位创新理论大师［M］．北京：科学出版社，2011.

［4］陈永伟．人工智能与经济学：关于近期文献的一个综述［J］．东北财经大学学报，2018（3）：6－21.

［5］陈永伟，许多．人工智能的就业影响［J］．比较，2018（2）：135－160.

［6］大卫·李嘉图．政治经济学及赋税原理［M］．3版．郭大力，王亚南，译．北京：商务印书馆，1962.

［7］大卫·李嘉图．政治经济学及赋税原理［M］．丰俊功，译．北京：光明日报出版社，2009.

［8］杜阿维．中国城镇失业人员社会保障制度的问题及完善途径［D］．西安：西北大学，2011.

［9］多西，等．技术进步与经济理论［M］．钟学义，等译．北京：经济科学出版社，1992.

［10］封帅．人工智能时代的国际关系：走向变革且不平等的世界［J］．外交评论（外交学院学报），2018，35（1）：128－156.

［11］高奇琦．人工智能时代发展中国家的"边缘化风险"与中国使命

[J]. 国际观察，2018 (4)：38 – 50.

[12] 关锦镗等. 科技革命与就业 [M]. 北京：北京大学出版社，1994.

[13] 何顺果. 美国史通论 [M]. 上海：学林出版社，2001.

[14] 胡少甫. "第三次工业革命"的兴起以及给中国带来的挑战 [J]. 对外经贸实务，2012 (12)：19 – 22.

[15] 黄雪明. 人工智能：重新定义人才管理 [J]. 机器人产业，2017 (2)：101 – 112.

[16] 黄娅. 我国失业保险制度研究 [D]. 成都：四川师范大学，2010.

[17] 吉莲·邰蒂. 机器人时代的人类工作 [N/OL]. (2016 – 12 – 29) [2022 – 05 – 23]. http：//www. pnetp. org/2016_50/news/detail19086. htm.

[18] 蒋孟引. 英国史 [M]. 北京：中国社会科学出版社，1988.

[19] 金振娅. 人工智能产业的真正春天 [N]. 光明日报，2017 – 07 – 02 (5).

[20] 鞠光宇，马陆亭. 发达国家高等教育如何助推人工智能发展 [J]. 中国高校科技，2019 (Z1)：4 – 7.

[21] 卡尔·马克思. 资本论 [M]. 北京：人民出版社，2018.

[22] 克里斯·弗里罗，弗朗西斯克·卢桑. 光阴似箭：从工业革命到信息革命 [M]. 沈宏亮，译. 北京：中国人民大学出版社，2007.

[23] 李立国. 工业4.0 时代的高等教育人才培养模式 [J]. 清华大学教育研究，2016，37 (1)：6 – 15，38.

[24] 梁颖. 人工智能革命冲击下的劳动力就业市场及社会伦理准则的建构 [J]. 人口与计划生育，2018 (7)：42 – 46.

[25] 刘克. 英国"卢德群体"研究——以18 世纪末19 世纪初约克郡剪绒工人为范例 [D]. 苏州：苏州大学，2017.

[26] 刘笑盈. 精粹世界史——推动世界历史进程的工业革命 [M]. 北京：中国青年出版社，1999.

［27］娄斌．人工智能在社会应用中的法律问题研究［D］．新乡：河南师范大学，2017．

［28］卢兰万．科技产业革命下的技术经济范式向信息技术范式的转变［J］．商业时代，2014（2）：117-118．

［29］马尔萨斯．人口原理［M］．朱泱，胡企林，朱和中，译．北京：商务印书馆，1992．

［30］马克思恩格斯全集：第20卷［M］．北京：人民出版社，1971．

［31］马克思恩格斯全集：第23卷［M］．北京：人民出版社，1972．

［32］马克思恩格斯选集：第1卷［M］．北京：人民出版社，1995．

［33］米歇尔．机器学习［M］．曾华军，译．北京：机械工业出版社，2008．

［34］宁军明．路径依赖、路径创造与中国的经济体制转轨［J］．学术月刊，2006（4）：86-90．

［35］钱乘旦，许洁明．英国通史［M］．上海：上海社会科学出版社，2002．

［36］清华大学中国科技政策研究中心．中国人工智能发展报告2018［R］．2018．

［37］世界银行．2016年世界发展报告：数字红利［M］．胡光宇，等译．北京：清华大学出版社，2017．

［38］斯图尔特·罗素，彼得·诺维格．人工智能：一种现代方法［M］．姜哲，译．北京：人民邮电出版社，2004．

［39］孙豪，胡志军，陈建东．中国消费基尼系数估算及社会福利分析［J］．数量经济技术经济研究，2017，34（12）：41-57．

［40］腾讯研究院法律研究中心．AI技术革命对劳动力市场和收入分配的影响［R］．2017．

［41］托马斯·库恩．科学革命的结构［M］．金吾伦，译．北京：北京大学出版社，2003．

［42］王滨．技术革命与社会发展：马克思主义科技与人文新视野［M］．上海：同济大学出版社，2003：106－108．

［43］王君，杨威．人工智能等技术对就业影响的历史分析和前沿进展［J］．经济研究参考，2017（27）：11－25．

［44］王丽颖．人工智能发展引发的失业恐慌及对我国的启示［J］．互联网天地，2018（3）：23－25．

［45］乌镇智库．2018全球人工智能发展报告［R］．2018．

［46］西斯蒙第．政治经济学新原理或论财富同人口的关系［M］．何钦，译．北京：商务印书馆，1983．

［47］肖庆文，等．投资人力资本，拥抱人工智能：中国未来就业的挑战与应对［R］．中国发展研究基金会，2018．

［48］余胜泉．人工智能教师的未来角色［J］．北京教育（普教版），2020（2）：11－12．

［49］张大良．提高人才培养能力要在课程、教材、师资建设上下功夫［J］．中国大学教学，2018（5）：13－18．

［50］赵智兴，段鑫星．人工智能时代高等教育人才培养模式的变革：依据、困境与路径［J］．西南民族大学学报（人文社科版），2019，40（2）：213－219．

［51］周志华．机器学习［M］．北京：清华大学出版社．2016．

［52］朱永新．迎接"人机共教"的新时代［J］．中国教育学刊，2018（2）：5．

［53］庄西真．有一种现象叫劳动力就业"极化"［J］．职教论坛，2018（3）：1．

［54］Abernathy W J，Utterback J M. Patterns of Industrial Innovation［J］．*Technology Review*，1978，80（7）：40－47．

［55］Acemoglu D，Autor D. *Skills，tasks and technologies：Implications for employment and earnings*［M］//Handbook of labor economics. Elsevier，2011．

［56］Acemoglu D，Restrepo P. Automation and new tasks：How technology displaces and reinstates labor [J]. *Journal of Economic Perspectives*, 2019, 33 (2): 3 –30.

[57] Acemoglu D, Restrepo P. Low-skill and high-skill automation [J]. *Journal of Human Capital*, 2018, 12 (2): 204 –232.

[58] Acemoglu D, Restrepo P. *Modeling automation* [C]//AEA Papers and Proceedings, 2018.

[59] Acemoglu D, Restrepo P. Robots and jobs: Evidence from US labor markets [J]. *Journal of Political Economy*, 2020, 128 (6): 2188 –2244.

[60] Acemoglu D, Restrepo P. The race between man and machine: Implications of technology for growth, factor shares, and employment [J]. *American Economic Review*, 2018, 108 (6): 1488 –1542.

[61] Aghion P, Jones B F, Jones C I. *Artificial intelligence and economic growth* [M]//The economics of artificial intelligence: An agenda. University of Chicago Press, 2018: 237 –282.

[62] Agrawal A, Gans J S, Goldfarb A. Exploring the impact of artificial intelligence: Prediction versus judgment [J]. *Information Economics and Policy*, 2019 (47): 1 –6.

[63] Analytics M K. *The age of analytics: competing in a data-driven world* [R]. McKinsey Global Institute Research, 2016.

[64] Anderson P, Tushman M L. Technological discontinuities and dominant designs: a cyclical model of technical change [J]. *Adminvarterly Science Qistrative*, 1990, 35 (4): 267 –290.

[65] Arntz M, Gregory T, Zierahn U. *The risk of automation for jobs in OECD countries: A comparative analysis* [R]. OECD Social, Employment and Migration Working Papers, 2016.

[66] Autor D, Dorn D, Katz L F, et al. The fall of the labor share and the rise of superstar firms [J]. *The Quarterly Journal of Economics*, 2020, 135 (2): 645 –709.

［67］ Autor D H, Dorn D. How technology wrecks the middle class ［J］. *The New York Times*, 2013 (24): 1279 - 1333.

［68］ Autor D H. Why are there still so many jobs? The history and future of workplace automation ［J］. *Journal of Economic Perspectives*, 2015, 29 (3): 3 - 30.

［69］ Autor D. The polarization of job opportunities in the US labor market: Implications for employment and earnings ［J］. *Center for American Progress and The Hamilton Project*, 2010 (6): 11 - 19.

［70］ Basalla G. *The Evolution of Technology* ［M］. Cambridge: Cambridge University Press, 1988.

［71］ Bertin Martens, Songül Tolan. *Will this time be different? A review of the literature on the Impact of Artificial Intelligence on Employment, Incomes and Growth* ［R］. Digital Economy Working Paper, JRC Technical Reports, 2018.

［72］ Bughin J, Catlin T, LaBerge L. *A winning operating model for digital strategy* ［R］. New York: McKinsey Digital, McKinsey & Company, 2019.

［73］ Bughin J, Hazan E, Allas T, et al. *Tech for Good: Smoothing disruption, improving well-being* ［R］. McKinsey Global Institute, 2019.

［74］ Chiacchio Francesco, Georgios Petropoulos, David Pichler. *The Impact of Industrial Robots on EU Employment and Wages: A Local Labour Market Approach* ［R］. Bruegel Working Papers, 2018.

［75］ Cockburn I M, Henderson R, Stern S. *The impact of artificial intelligence on innovation: An exploratory analysis* ［M］//The economics of artificial intelligence: An agenda. University of Chicago Press, 2018: 115 - 146.

［76］ Deane P M. *The first industrial revolution* ［M］. Cambridge: Cambridge University Press, 1965.

［77］ Deming D J. The growing importance of social skills in the labor market ［J］. *The Quarterly Journal of Economics*, 2017, 132 (4): 1593 - 1640.

［78］ Dorn D, Katz L F, Patterson C, et al. Concentrating on the Fall of the Labor Share ［J］. *American Economic Review*, 2017, 107 (5): 180 – 185.

［79］ Enos J L. *Invention and Innovation in the Petroleum Refining Industry* ［R］. National Bureau of Economic Research, Inc, 1962.

［80］ Ford D, Ryan C. Taking technology to market ［J］. *Harvard Business Review*, 1981, 59 (2): 117 – 126.

［81］ Foster R N. *Innovation: The attacker's advantage* ［M］. New York: Simon & Schuster, 1988.

［82］ Frank M R, Autor D, Bessen J E, et al. Toward understanding the impact of artificial intelligence on labor ［J］. *Proceedings of the National Academy of Sciences*, 2019, 116 (14): 6531 – 6539.

［83］ Frey C B, Osborne M A. The future of employment: How susceptible are jobs to computerisation? ［J］. *Technological Forecasting and Social Change*, 2017 (114): 254 – 280.

［84］ Goodfellow I, Bengio Y, Courville A. *Deep learning* ［M］. Cambridge: MIT Press, 2016.

［85］ Gregory T, Salomons A, Zierahn U. *Racing with or against the machine? Evidence from Europe* ［R］. ZEW-Centre for European Economic Research Discussion Paper, 2016 (16 – 053).

［86］ Hancock M. *Artificial intelligence: opportunities and implications for the future of decision making* ［R］. Government Office for Science, 2015.

［87］ Heckscher A, Albin P S, Kaplan M, et al. *Performing Arts-The Economic Dilemma. A Study of Problems Common to Theater, Opera, Music and Dance* ［C］//College Music Symposium. College Music Society, 1967 (7): 127 – 142.

［88］ Hickson K. The GDP Value of Twentieth-Century Health Improvements in Developed Economies: Initial Estimates for England ［J］. *Review of Income and Wealth*, 2014, 60 (2): 385 – 399.

［89］ Hinton G E, Salakhutdinov R R. Reducing the dimensionality of data with neural networks ［J］. *Science*, 2006, 313 (5786): 504 - 507.

［90］ Jones C I, Klenow P J. Beyond GDP? Welfare across countries and time ［J］. *American Economic Review*, 2016, 106 (9): 2426 - 2457.

［91］ Keynes J M. *Economic possibilities for our grandchildren* ［M］//Essays in persuasion. London: Palgrave Macmillan, 2010.

［92］ Korinek A, Ng D X. *The macroeconomics of superstars* ［D］. Mimeo, International Monetary Fund, Washington, DC, 2017.

［93］ Korinek A, Stiglitz J E. *Artificial intelligence and its implications for income distribution and unemployment* ［M］//The economics of artificial intelligence: An agenda. University of Chicago Press, 2018: 349 - 390.

［94］ Kremer M. The O-ring theory of economic development ［J］. *The Quarterly Journal of Economics*, 1993, 108 (3): 551 - 575.

［95］ Kucera D, Milberg W. Deindustrialization and changes in manufacturing trade: factor content calculations for 1978 - 1995 ［J］. *Review of World Economics*, 2003, 139 (4): 601 - 624.

［96］ Manyika J, Lund S, Chui M, et al. *Jobs lost, jobs gained: Workforce transitions in a time of automation* ［R］. McKinsey Global Institute, 2017, 150.

［97］ Marshall A. *Principles of economics: unabridged eighth edition* ［M］. New York: Cosimo, Inc. , 2009.

［98］ Marx, Karl. *Das Kapital: Kritik der politischen? Ökonomie* ［M］. Hamburg: Verlag von Otto Meissner, 1867.

［99］ Mayr O, Basalla G. The Evolution of Technology ［J］. *Technology and Culture*, 1991, 32 (1): 130.

［100］ Murphy K M, Topel R H. The value of health and longevity ［J］. *Journal of Political Economy*, 2006, 114 (5): 871 - 904.

［101］ Nedelkoska L, Quintini G. *Automation, skills use and training* ［R］. OECD Social, Employment and Migration Working Papers, 2018.

[102] O'Brien M P. *Technological planning and misplanning* [C]//Technological planning at the corporate level: Proceedings of a Conference, Graduate School of Administration, 1962, 9 (8): 120 –133.

[103] Pakeen Mabud, Jess Forden. *Left behind: snapshots from the 21st century labor market* [R]. Roosevelt Institute, 2018.

[104] Romer P M. Endogenous technological change [J]. *Journal of Political Economy*, 1990, 98 (5, Part 2): S71 –S102.

[105] Sachs J D. *R&d, structural transformation, and the distribution of income* [M]//The Economics of Artificial Intelligence: An Agenda. University of Chicago Press, 2018: 329 –348.

[106] Samothrakis, Spyridon. *Viewpoint: artificial intelligence and labour* [C]//IJCAI'18: Proceedings of the 27th International Joint Conference on Artificial Intelligence, 2018: 5652 –5655.

[107] Steinbaum M, Bernstein E H, Sturm J. Powerless: How Lax Antitrust and Concentrated Market Power Rig the Economy Against American Workers, Consumers, and Communities [EB/OL]. (2018 –03 –21)[2022 –06 –28]. http: //rooseveltinstitute. org/powerless.

[108] Trajtenberg M. *AI as the Next GPT: A Political-Economy Perspective* [D]. Cambridge: NECR Working Pater, 2018.

[109] Utterback J M, Abernathy W J. A dynamic model of process and product innovation [J]. *Omega*, 1975, 3 (6): 639 –656.

[110] Vinod Khosla. The Next Technology Revolution Will Drive Abundance And Income Disparity [N/OL]. (2014 –11 –06) [2022 –05 –23]. https: //www. forbes. com/sites/valleyvoices/2014/11/06/the-next-technology-revolution-will-drive-abundance-and-income-disparity/.

[111] Violante G L. Skill-biased technical change [J]. *The New Palgrave Dictionary of Economics*, 2008 (2): 1 –6.

［112］ WIPO. *WIPO technology trends* 2019： *Artificial intelligence* ［R］. Geneva： World Intellectual Property Organization，2019.

［113］ World Bank. *World development report* 2019： *The changing nature of work* ［R］. The World Bank，2018.

［114］ Ziman，J. *Technological innovation as an evolutionary process* ［M］. Cambridge： Cambridge University Press，2003.